AF564029

LE GENDRE

DE

M. POIRIER

COMÉDIE

Représentée pour la première fois, à Paris, sur le théâtre du Gymnase, le 8 avril 1854.

DES MÊMES AUTEURS

ÉMILE AUGIER

GABRIELLE, comédie en cinq actes en vers.
LA CIGUE, comédie en deux actes en vers.
L'AVENTURIÈRE, comédie en cinq actes en vers.
L'HOMME DE BIEN, comédie en trois actes en vers.
L'HABIT VERT, proverbe en un acte en prose.
SAPHO, opéra en trois actes.
DIANE, drame en cinq actes en vers.
LES MÉPRISES DE L'AMOUR, comédie en cinq actes en vers.
PHILIBERTE, comédie en trois actes en vers.
CEINTURE DORÉE, comédie en trois actes en prose.
LE MARIAGE D'OLYMPE, comédie en trois actes en prose.
LA JEUNESSE, comédie en cinq actes, en vers.
LES LIONNES PAUVRES, comédie en cinq actes en prose
POÉSIES COMPLÈTES, un volume grand in-18.

JULES SANDEAU

CATHERINE.......................... 1 volume.
NOUVELLES.......................... 1 —
SACS ET PARCHEMINS................. 1 —
UN HÉRITAGE........................ 1 —
LA MAISON DE PENARVAN.............. 1 —
OLIVIER............................ 1 —
LE CHATEAU DE MONTHABREY...... 1 —
MADEMOISELLE DE LA SEIGLIÈRE, comédie en quatre actes en prose.

ÉMILE AUGIER ET JULES SANDEAU

LA PIERRE DE TOUCHE, comédie en cinq actes en prose.
LA CHASSE AU ROMAN, comédie en trois actes en prose.

LAGNY. — Typographie de VIALAT.

LE GENDRE

DE

M. POIRIER

COMÉDIE

EN QUATRE ACTES EN PROSE

PAR

ÉMILE AUGIER ET JULES SANDEAU

TROISIÈME ÉDITION

PARIS

MICHEL LÉVY FRÈRES, LIBRAIRES-ÉDITEURS

RUE VIVIENNE, 2 BIS

1858

PERSONNAGES

POIRIER.	MM. LESUEUR.
GASTON, marquis de Presles.	BERTON.
HECTOR, duc de Montmeyran.	DUPUIS.
VERDELET.	VILLARS.
ANTOINETTE.	Mme ROSE CHÉRI.
SALOMON, } Créanciers.	MM. A. BLONDEL.
CHAVASSUS, } Créanciers.	BORDIER.
COGNE, } Créanciers.	ANTOINE.
VATEL.	THIBAUT.
LE PORTIER.	DOISY.
UN DOMESTIQUE.	LOUIS.

La scène se passe à Paris, dans l'hôtel de M. Poirier.

Pour la mise en scène, s'adresser à M. Herold, régisseur du théâtre du Gymnase.

LE GENDRE

DE

M. POIRIER

ACTE PREMIER

Un salon très-riche. — Portes latérales, fenêtres au fond, donnant sur un jardin. Cheminée avec feu.

SCÈNE PREMIÈRE.

UN DOMESTIQUE, LE DUC.

LE DOMESTIQUE.

Je vous répète, brigadier, que monsieur le marquis ne peut pas vous recevoir ; il n'est pas encore levé.

LE DUC.

A neuf heures ! (A part.) Au fait, le soleil se lève tard pendant la lune de miel. (Haut.) A quelle heure déjeune-t-on ici ?

LE DOMESTIQUE.

A onze heures... Mais qu'est-ce que ça vous fait ?

LE DUC.

Vous mettrez un couvert de plus.

LE DOMESTIQUE.

Pour votre colonel ?

LE DUC.

Oui, pour mon colonel. C'est le journal d'aujourd'hui ?

LE DOMESTIQUE.

Oui, 15 février 1846.

LE DUC.

Donnez !

LE DOMESTIQUE.

Je ne l'ai pas encore lu.

LE DUC.

Vous ne voulez pas me donner le journal ? Alors vous voyez bien que je ne peux pas attendre. Annoncez-moi.

LE DOMESTIQUE.

Qui, vous ?

LE DUC.

Le duc de Montmeyran.

LE DOMESTIQUE.

Farceur !

SCÈNE II.

LES MÊMES, GASTON.

GASTON.

Tiens, c'est toi ?... (Ils s'embrassent.)

LE DOMESTIQUE, à part.

Fichtre... j'ai dit une bêtise...

LE DUC.

Cher Gaston !

GASTON.

Cher Hector ! parbleu ! je suis content de te voir !

LE DUC.

Et moi donc !

GASTON.

Tu ne pouvais arriver plus à propos !

LE DUC.

A propos ?

GASTON.

Je te conterai cela... Mais, mon pauvre garçon, comme te voilà fait ! Qui reconnaîtrait, sous cette casaque, un des princes de la jeunesse, l'exemple et le parfait modèle des enfants prodigues ?

LE DUC.

Après toi, mon bon. Nous nous sommes rangés tous les deux : toi, tu t'es marié ; moi, je me suis fait soldat, et quoi que tu penses de mon uniforme, j'aime mieux mon régiment que le tien.

GASTON, *regardant l'uniforme du duc.*

Bien obligé !

LE DUC.

Oui, regarde-la, cette casaque. C'est le seul habit où l'ennui ne soit pas entré avec moi. Et ce petit ornement que tu feins de ne pas voir... (*Il montre ses galons.*)

GASTON.

Un galon de laine.

LE DUC.

Que j'ai ramassé dans la plaine d'Isly, mon bon.

GASTON.

Et quand auras-tu l'étoile des braves?

LE DUC.

Ah ! mon cher, ne plaisantons plus là-dessus : c'était bon autrefois ; aujourd'hui, la croix est ma seule ambition, et pour l'avoir je donnerais gaiement une pinte de mon sang.

GASTON.

Ah çà ! tu es donc un troupier fini?

LE DUC.

Hé ! ma foi, oui ! j'aime mon métier. C'est le seul qui convienne à un gentilhomme ruiné, et je n'ai qu'un regret, c'est de ne pas l'avoir pris plus tôt. C'est amusant, vois-tu, cette existence active et aventureuse ; il n'y a pas jusqu'à la discipline qui n'ait son charme ; c'est sain, cela repose l'esprit d'avoir sa vie réglée d'avance, sans discussion possible et par conséquent sans irrésolution et sans regret. C'est de là que viennent l'insouciance et la gaieté. On sait ce qu'on doit faire, on le fait, et on est content.

GASTON.

A peu de frais.

LE DUC.

Et puis, mon cher, ces idées patriotiques dont nous nous moquions au café de Paris et que nous traitions de chauvinisme nous gonflent diablement le cœur en face de l'ennemi. Le premier coup de canon défonce les blagues et le drapeau n'est plus un chiffon au bout d'une perche, c'est la robe même de la patrie.

GASTON.

Soit; mais ton enthousiasme pour un drapeau qui n'est pas le tien...

LE DUC.

Bah! on n'en voit plus la couleur au milieu de la fumée de la poudre.

GASTON.

Enfin, tu es content, c'est l'essentiel. Es-tu à Paris pour longtemps?

LE DUC.

Pour un mois, pas plus. Tu sais comment j'ai arrangé ma vie?

GASTON.

Non, comment?

LE DUC.

Je ne t'ai pas dit?... C'est très-ingénieux : avant de partir, j'ai placé chez un banquier les bribes de mon patrimoine. Cent mille francs environ, dont le revenu doit me procurer tous les ans trente jours de mon ancienne existence, en sorte que j'ai soixante mille livres de rente pendant un mois de l'année et six sous par jour pendant les onze autres. J'ai naturellement choisi le carnaval pour mes prodigalités : il a commencé hier, j'arrive aujourd'hui et ma première visite est pour toi.

GASTON.

Merci! Ah çà! je n'entends pas que tu loges ailleurs que chez moi.

LE DUC.

Oh! je ne veux pas te donner d'embarras...

GASTON.

Tu ne m'en donneras aucun, il y a justement dans l'hôtel un petit pavillon, au fond du jardin.

LE DUC.

Tiens, franchement, ce n'est pas toi que je crains de gêner, c'est moi. Tu comprends... tu vis en famille... ta femme, ton beau-père...

GASTON.

Ah! oui, tu te figures, parce que j'ai épousé la fille d'un ancien marchand de draps, que ma maison est devenue le temple de l'ennui, que ma femme a apporté dans ses nippes une horde farouche de vertus bourgeoises, et qu'il ne reste plus qu'à écrire sur ma porte : Ci-gît Gaston, marquis de Presles! Détrompe-toi, je mène un train de prince, je fais courir, je joue un jeu d'enfer, j'achète des tableaux, j'ai le premier cuisinier de Paris, un drôle qui prétend descendre de Vatel et qui prend son art au grand sérieux; je tiens table ouverte (entre parenthèses, tu dîneras demain avec tous nos amis et tu verras comment je traite); bref, le mariage n'a rien supprimé de mes habitudes, rien... que les créanciers.

LE DUC.

Ta femme, ton beau-père, te laissent ainsi la bride sur le cou?

GASTON.

Parfaitement. Ma femme est une petite pensionnaire, assez jolie, un peu gauche, un peu timide, encore tout ébaubie de sa métamorphose, et qui, j'en jurerais, passe son temps à regarder dans son miroir la marquise de Presles. Quant à M. Poirier, mon beau-père, il est digne de son nom. Modeste et nourrissant comme tous les arbres à fruit, il était né pour vivre en espalier. Toute son ambition était de fournir aux desserts d'un gentilhomme : ses vœux sont exaucés.

LE DUC.

Bah! il y a encore des bourgeois de cette pâte-là?

GASTON.

Pour te le peindre en un mot, c'est George Dandin à l'état de beau-père... Sérieusement, j'ai fait un mariage magnifique.

LE DUC.

Je pense bien que tu ne t'es mésallié qu'à bon escient.

GASTON.

Je t'en fais juge : tu sais dans quelle position je me trouvais? Orphelin à quinze ans, maître de ma fortune à vingt, j'avais promptement exterminé mon patrimoine et m'étais mis en devoir d'amasser un capital de dettes, digne du neveu de mon oncle. Or, au moment où, grâce à mon activité, ce capital atteignait le chiffre de cinq cent mille francs, mon septuagénaire d'oncle n'épousait-il pas tout à coup une jeune personne romanesque dont il se voyait adoré? Corvisart l'a dit, à soixante-dix ans on a toujours des enfants. J'avais compté sans mes cousins; il me fallut décompter.

LE DUC.

Tu passais à l'état de neveu honoraire.

GASTON.

Je songeai à reprendre du service actif dans le corps des gendres; c'est alors que le ciel mit monsieur Poirier sur mon chemin.

LE DUC.

Où l'as-tu rencontré?

GASTON.

Il avait des fonds à placer et cherchait un emprunteur; c'était une chance de nous rencontrer : nous nous rencontrâmes. Je ne lui offrais pas assez de garanties pour qu'il fît de moi son débiteur; je lui en offrais assez pour qu'il fît de moi son gendre. Je pris des renseignements sur sa moralité; je m'assurai que sa fortune venait d'une source honnête, et, ma foi, j'acceptai la main de sa fille.

LE DUC.

Avec quels appointements?

GASTON.

Le bonhomme avait quatre millions, il n'en a plus que trois.

LE DUC.

Un million de dot!

GASTON.

Mieux que cela : tu vas voir. Il s'est engagé à payer mes dettes, et je crois même que c'est aujourd'hui que ce phénomène sera visible : ci, cinq cent mille francs. Il m'a remis, le jour du contrat, un coupon de rentes de vingt-cinq mille francs : ci, cinq cents autres mille francs.

LE DUC.

Voilà le million; après?

GASTON.

Après? Il a tenu à ne pas se séparer de sa fille et à nous défrayer de tout dans son hôtel; en sorte que, logé, nourri, chauffé, voituré, servi, il me reste vingt-cinq mille livres de rentes pour l'entretien de ma femme et le mien.

LE DUC.

C'est très-joli.

GASTON.

Attends donc!

LE DUC.

Il y a encore quelque chose?

GASTON.

Il a racheté le château de Presles, et je m'attends, d'un jour à l'autre, à trouver les titres de propriété sous ma serviette.

LE DUC.

C'est un homme délicieux!

GASTON.

Attends donc!

LE DUC.

Encore?

GASTON.

Après la signature du contrat, il est venu à moi, il m'a pris les mains, et, avec une bonhomie touchante, il s'est confondu en excuses de n'avoir que soixante ans; mais il m'a donné à entendre qu'il se dépêcherait d'en avoir quatre-vingts. Au surplus, je ne le presse pas... il n'est pas gênant, le pauvre homme. Il se tient à sa place, se couche comme les poules, se lève comme les coqs, règle les comptes, veille à l'exécution de mes moindres désirs; c'est un intendant qui ne me vole pas : je le remplacerais difficilement.

LE DUC.

Décidément, tu es le plus heureux des hommes.

GASTON.

Attends donc! Tu pourrais croire qu'aux yeux du monde, mon

mariage m'a délustré, m'a décati, comme dirait M. Poirier : rassure-toi, je suis toujours à la mode ; c'est moi qui donne le ton. Les femmes m'ont pardonné, et, enfin, comme j'avais l'honneur de te le dire, tu ne pouvais arriver plus à propos.

LE DUC.

Pourquoi ?

GASTON.

Tu ne me comprends pas, toi, mon témoin naturel, mon second obligé ?

LE DUC.

Un duel !

GASTON.

Oui, mon cher, un joli petit duel, comme dans le bon temps... Eh bien ! qu'en dis-tu ? Est-il mort, ce marquis de Presles, et faut-il songer à le porter en terre ?

LE DUC.

Avec qui te bats-tu, et à quel propos ?

GASTON.

Avec le vicomte de Pontgrimaud, à propos d'une querelle de jeu.

LE DUC.

Une querelle de jeu ? alors cela peut s'arranger.

GASTON.

Est-ce au régiment que l'on apprend à arranger les affaires d'honneur ?

LE DUC.

Tu l'as dit, c'est au régiment. C'est là qu'on apprend l'emploi du sang ; tu ne me persuaderas pas qu'il en faille pour terminer une querelle de jeu ?

GASTON.

Et si cette querelle de jeu n'était qu'un prétexte ? s'il y avait autre chose derrière ?

LE DUC.

Une femme ?

GASTON.

Voilà !

LE DUC.

Une intrigue ! déjà ! ce n'est pas bien.

GASTON.

Que veux-tu!.... une passion de l'an dernier que je croyais morte de froid, et qui, après mon mariage, a eu son été de la Saint-Martin. Tu vois que ce n'est ni bien sérieux ni bien inquiétant.

LE DUC.

Et peut-on savoir?

GASTON.

Je n'ai pas de secrets pour toi... C'est la comtesse de Monjay.

LE DUC.

Je t'en fais mon compliment; mais c'est furieusement grave. J'avais songé à lui faire la cour; j'ai reculé devant les périls d'une telle liaison., périls qui n'ont rien de chevaleresque. Tu n'ignores pas que la comtesse n'a pas de fortune personnelle?

GASTON.

Qu'elle attend tout de son vieux mari, et qu'il aurait le mauvais goût de la déshériter, s'il lui découvrait une faiblesse? Je sais tout cela.

LE DUC.

Et de gaieté de cœur, tu as repris une pareille chaîne?

GASTON.

L'habitude, un reste d'amour, l'attrait du fruit défendu, le plaisir de couper l'herbe sous le pied à ce petit drôle de Pontgrimand, que je déteste...

LE DUC.

Tu lui fais bien de l'honneur!

GASTON.

Que veux-tu? il m'agace les nerfs, ce petit monsieur, qui se croît de noblesse d'épée parce que monsieur Grimaud, son grand-père, était fournisseur aux armées. C'est vicomte, on ne sait comment ni pourquoi, et ça veut être plus légitimiste que nous; ça se porte à tout propos champion de la noblesse, pour avoir l'air de la représenter... Si on fait une égratignure à un Montmorency, ça crie comme si on l'écorchait lui-même... Bref, il y avait entre nous deux une querelle dans l'air; elle a crevé hier soir à une table de lansquenet. Il en sera quitte pour un coup d'épée... ce sera le premier qu'on aura reçu dans sa famille.

LE DUC.

T'a-t-il envoyé ses témoins?

GASTON.

Je les attends... Tu m'assisteras avec Grandlieu?

LE DUC.

C'est entendu.

GASTON.

Tu t'installes chez moi, c'est entendu aussi?

LE DUC.

Eh bien, soit.

GASTON.

Ah çà! quoique en carnaval, tu ne comptes pas rester déguisé en héros?

LE DUC.

Non. J'ai écrit de là-bas à mon tailleur...

GASTON.

Tiens, j'entends des voix... C'est mon beau-père; tu vas le voir au complet, avec son ami Verdelet, son ancien associé... Parbleu... tu as de la chance.

SCÈNE III.

LES MÊMES, POIRIER, VERDELET.

GASTON.

Bonjour, monsieur Verdelet, bonjour.

VERDELET.

Votre serviteur, messieurs.

GASTON.

Un de mes bons amis, mon cher monsieur Poirier, le duc de Montmeyran.

LE DUC.

Brigadier aux chasseurs d'Afrique.

VERDELET, à part.

A la bonne heure!

POIRIER.

Très-honoré, monsieur le duc!

GASTON.

Plus honoré que vous ne pensez, cher monsieur Poirier: monsieur le duc veut bien accepter ici l'hospitalité que je me suis empressé de lui offrir.

VERDELET, à part.

Un rat de plus dans le fromage.

LE DUC.

Pardonnez-moi, monsieur, d'avoir accepté une invitation que mon ami Gaston m'a faite un peu étourdiment peut-être.

POIRIER.

Monsieur... le marquis, mon gendre, n'a pas besoin de me consulter pour installer ses amis ici; les amis de nos amis...

GASTON.

Très-bien, monsieur Poirier. Hector occupera le pavillon du jardin. Est-il en état?

POIRIER.

J'y veillerai.

LE DUC.

Je suis confus, monsieur, de l'embarras...

GASTON.

Pas du tout! monsieur Poirier sera trop heureux...

POIRIER.

Trop heureux!...

GASTON.

Vous aurez soin, n'est-ce pas, qu'on tienne aux ordres d'Hector le petit coupé bleu?...

POIRIER.

Celui dont je me sers habituellement.

LE DUC.

Alors je m'oppose...

POIRIER.

Oh! il y a une place de fiacres au bout de la rue.

VERDELET, à part.

Cassandre! ganache!

GASTON, au duc.

Et maintenant, allons visiter mes écuries... J'ai reçu hier un arabe dont tu me diras des nouvelles... Viens.

LE DUC, à Poirier.

Vous permettez, monsieur... Gaston est impatient de me montrer son luxe, et je le conçois : c'est une façon pour lui de me parler de vous.

POIRIER.

Monsieur le duc comprend toutes les délicatesses de mon gendre.

GASTON, bas au duc.

Tu vas me gâter mon beau-père. (Fausse sortie, sur la porte.) A propos, monsieur Poirier, vous savez que j'ai demain un grand dîner; est-ce que vous nous ferez le plaisir d'être des nôtres?

POIRIER.

Non, merci... je dînerai chez Verdelet.

GASTON.

Ah! monsieur Verdelet! je vous en veux de m'enlever mon beau-père chaque fois que j'ai du monde ici...

VERDELET, à part.

Impertinent!

POIRIER.

A mon âge, on gêne la jeunesse.

VERDELET, à part.

Géronte, va!

GASTON.

A votre aise, mon cher monsieur Poirier. (Il sort avec le duc.)

SCÈNE IV.

POIRIER, VERDELET.

VERDELET.

Je trouve ton gendre obséquieux avec toi. Tu me l'avais bien dit, que tu saurais te faire respecter.

POIRIER.

Je fais ce qui me plaît. J'aime mieux être aimé que craint.

VERDELET.

Ça n'a pas toujours été ton principe. Du reste, tu as réussi : ton gendre a pour toi des bontés familières qu'il ne doit pas avoir pour les autres domestiques.

POIRIER.

Au lieu de faire de l'esprit, mêle-toi de tes affaires.

VERDELET.

Je m'en mêle, parbleu ! Nous sommes solidaires ici, nous ressemblons un peu aux jumeaux siamois, et, quand tu te mets à plat-ventre devant ce marquis, j'ai de la peine à me tenir debout.

POIRIER.

A plat-ventre ! Ne dirait-on pas?... ce marquis ! Crois-tu donc que son titre me jette de la poudre aux yeux? J'ai toujours été plus libéral que toi, tu le sais bien, je le suis encore. Je me moque de la noblesse comme de ça ! Le talent et la vertu sont les seules distinctions sociales que je reconnaisse et devant lesquelles je m'incline.

VERDELET.

Diable ! ton gendre est donc bien vertueux?

POIRIER.

Tu m'ennuies. Ne veux-tu pas que je lui fasse sentir qu'il me doit tout?

VERDELET.

Oh ! oh ! il te prend sur le tard des délicatesses exquises. C'est le fruit de tes économies. Tiens, Poirier, je n'ai jamais approuvé ce mariage, tu le sais; j'aurais voulu que ma chère filleule épousât un brave garçon de notre bord; mais puisque tu ne m'as pas écouté...

POIRIER.

Ah ! ah ! écouter monsieur ! il ne manquerait plus que cela !

VERDELET.

Pourquoi donc pas?

POIRIER.

Oh ! monsieur Verdelet ! vous êtes un homme de bel esprit et de beaux sentiments... Vous avez lu des livres amusants... Vous avez sur toutes choses des opinions particulières ; mais en matière de sens commun, je vous rendrais des points.

VERDELET.

En matière de sens commun... tu veux dire en matière commerciale. Je ne conteste pas : tu as gagné quatre millions tandis que j'amassais à peine quarante mille livres de rentes.

POIRIER.

Et encore, grâce à moi.

VERDELET.

D'accord ! Cette fortune me vient par toi, elle retournera à ta fille, quand ton gendre t'aura ruiné.

POIRIER.

Quand mon gendre m'aura ruiné ?

VERDELET.

Oui, dans une dizaine d'années.

POIRIER.

Tu es fou !

VERDELET.

Au train dont il y va, tu sais trop bien compter pour ne pas voir que cela ne peut pas durer longtemps.

POIRIER.

Bien, bien, c'est mon affaire.

VERDELET.

S'il ne s'agissait que de toi, je ne soufflerais mot.

POIRIER.

Et pourquoi ne souffleriez-vous mot ? vous ne me portez donc aucun intérêt ? cela vous est égal qu'on me ruine ? moi qui ai fait votre fortune !

VERDELET.

Qu'est-ce qui te prend ?

POIRIER.

Je n'aime pas les ingrats !

VERDELET.

Diantre ! tu te rattrapes sur moi des familiarités de ton gendre. Je te disais donc que s'il ne s'agissait que de toi, je prendrais ton mal en patience, n'étant pas ton parrain ; mais je suis celui de ta fille.

POIRIER.

Et j'ai fait un beau pas de clerc en vous donnant ce droit sur elle.

VERDELET.

Ma foi! tu pouvais lui choisir un parrain qui l'aurait moins aimée!

POIRIER.

Oui... je sais... vous l'aimez plus que je ne fais moi-même... C'est votre prétention... et vous le lui avez persuadé, à elle...

VERDELET.

Nous retombons dans cette litanie? Va ton train.

POIRIER.

Oui, j'irai mon train. Croyez-vous qu'il me soit agréable de me voir expulsé, par un étranger, du cœur de mon enfant?

VERDELET.

Elle a pour toi toute l'affection...

POIRIER.

Ce n'est pas vrai, tu me supplantes! elle n'a de confiance et de câlineries que pour toi.

VERDELET.

C'est que je ne lui fais pas peur, moi. Comment veux-tu que cette petite ait de l'épanchement pour un hérisson comme toi? Elle ne sait par où te dorloter, tu es toujours en boule.

POIRIER.

C'est toi qui m'as réduit au rôle de père rabat-joie, en prenant celui de papa-gâteau. Ça n'est pas bien malin de se faire aimer des enfants quand on obéit à toutes leurs fantaisies, sans se soucier de leurs véritables intérêts. C'est les aimer pour soi, et non pour eux.

VERDELET.

Doucement, Poirier; quand les vrais intérêts de ta fille ont été en jeu, ses fantaisies n'ont rencontré de résistance que chez moi. Je l'ai assez contrariée, la pauvre Toinon, à l'occasion de son mariage, tandis que tu l'y poussais bêtement.

POIRIER.

Elle aimait le marquis. Laisse-moi lire mon journal. (Il s'assied et parcourt le Constitutionnel.)

VERDELET.

Tu as beau dire que l'enfant avait le cœur pris, c'est toi qui le lui as fait prendre. Tu as attiré monsieur de Presle chez toi.

POIRIER, se levant.

Encore un d'arrivé! Monsieur Michaud, le propriétaire de forges, est nommé pair de France.

VERDELET.

Qu'est-ce que ça me fait?

POIRIER.

Comment! ce que ça te fait? Il t'est indifférent de voir un des nôtres parvenir, de voir que le gouvernement honore l'industrie en appelant à lui ses représentants! N'est-ce pas admirable, un pays et un temps où le travail ouvre toutes les portes? Tu peux aspirer à la pairie, et tu demandes ce que cela te fait?

VERDELET.

Dieu me garde d'aspirer à la pairie! Dieu garde surtout mon pays que j'y arrive!

POIRIER.

Pourquoi donc? Monsieur Michaud y est bien!

VERDELET.

Monsieur Michaud n'est pas seulement un industriel, c'est un homme du premier mérite. Le père de Molière était tapissier : ce n'est pas une raison pour que tous les fils de tapissier se croient poëtes.

POIRIER.

Je te dis, moi, que le commerce est la véritable école des hommes d'État. Qui mettra la main au gouvernail, sinon ceux qui ont prouvé qu'ils savaient mener leur barque!

VERDELET.

Une barque n'est pas un vaisseau, un batelier n'est pas un pilote, et la France n'est pas une maison de commerce... J'enrage quand je vois cette manie qui s'empare de toutes les cervelles! On dirait, ma parole, que dans ce pays-ci le gouvernement est le passe-temps naturel des gens qui n'ont plus rien à faire.... Un bonhomme comme toi et moi s'occupe pendant trente ans de sa petite besogne; il y arrondit sa pelote, et un beau jour il ferme boutique et s'établit homme d'État... Ce n'est pas plus difficile que cela ! il n'y a pas d'autre recette ! Morbleu, messieurs, que ne vous dites-vous aussi bien : J'ai tant auné de drap que je dois savoir jouer du violon.

POIRIER.

Je ne saisis pas le rapport...

VERDELET.

Au lieu de songer à gouverner la France, gouvernez votre maison. Ne mariez pas vos filles à des marquis ruinés qui croient vous faire honneur en payant leurs dettes avec vos écus...

POIRIER.

Est-ce pour moi que tu dis cela ?

VERDELET.

Non, c'est pour moi.

SCÈNE V.

LES MÊMES, ANTOINETTE.

ANTOINETTE.

Bonjour, mon père ; comment allez-vous ? Bonjour, parrain. Tu viens déjeuner avec nous ? tu es bien gentil !

POIRIER.

Il est gentil !... Qu'est-ce que je suis donc alors, moi qui l'ai invité ?

ANTOINETTE.

Vous êtes charmant !

POIRIER.

Je ne suis charmant que quand j'invite Verdelet. C'est agréable pour moi !

ANTOINETTE.

Où est mon mari ?

POIRIER.

A l'écurie. Où veux-tu qu'il soit ?

ANTOINETTE.

Est-ce que vous blâmez son goût pour les chevaux ?... Il sied bien à un gentilhomme d'aimer les chevaux et les armes.

POIRIER.

Soit; mais je voudrais qu'il aimât autre chose.

ANTOINETTE.

Il aime les arts, la peinture, la poésie, la musique.

POIRIER.

Peuh! ce sont des arts d'agrément.

VERDELET.

Tu voudrais qu'il aimât des arts de désagrément peut-être : qu'il jouât du piano?

POIRIER.

C'est cela; prends son parti devant Toinon, pour te faire bien venir d'elle. (A Antoinette.) Il me disait encore tout à l'heure que ton mari me ruine... Le disais-tu?

VERDELET.

Oui, mais tu n'as qu'à serrer les cordons de ta bourse.

POIRIER.

Il est beaucoup plus simple que ce jeune homme s'occupe.

VERDELET.

Il me semble qu'il s'occupe beaucoup.

POIRIER.

Oui, à dépenser de l'argent du matin au soir. Je lui voudrais une occupation plus lucrative.

ANTOINETTE.

Laquelle?... Il ne peut pourtant pas vendre du drap ou de la flanelle.

POIRIER.

Il en est incapable. On ne lui demande pas tant de choses : qu'il prenne tout simplement une position conforme à son rang; une ambassade, par exemple.

VERDELET.

Prendre une ambassade! Ça ne se prend pas comme un rhume.

POIRIER.

Quand on s'appelle le marquis de Presles, on peut prétendre à tout.

ANTOINETTE.

Mais on est obligé de ne prétendre à rien, mon père.

VERDELET.

C'est vrai : ton gendre a des opinions...

POIRIER.

Il n'en a qu'une, c'est la paresse.

ANTOINETTE.

Vous êtes injuste, mon père, mon mari a ses convictions.

VERDELET.

A défaut de conviction, il a l'entêtement chevaleresque de son parti. Crois-tu que ton gendre renoncera aux traditions de sa famille, pour le seul plaisir de renoncer à sa paresse?

POIRIER.

Tu ne connais pas mon gendre, Verdelet; moi, je l'ai étudié à fond, avant de lui donner ma fille. C'est un étourneau; la légèreté de son caractère le met à l'abri de toute espèce d'entêtement. Quant à ses traditions de famille, s'il y tenait beaucoup, il n'eût pas épousé mademoiselle Poirier.

VERDELET.

C'est égal, il eût été prudent de le sonder à ce sujet avant le mariage.

POIRIER.

Que tu es bête! j'aurais eu l'air de lui proposer un marché; il aurait refusé tout net. On n'obtient de pareilles concessions que par les bons procédés, par une obsession lente et insensible... Depuis trois mois il est ici comme un coq en pâte.

VERDELET.

Je comprends : tu as voulu graisser la girouette avant de souffler dessus.

POIRIER.

Tu l'as dit, Verdelet. (A Antoinette.) On est bien faible pour sa femme, pendant la lune de miel. Si tu lui demandais ça gentiment... le soir... tout en déroulant tes cheveux...?

ANTOINETTE.

Oh! mon père!

POIRIER.

Dame! c'est comme cela que madame Poirier m'a demandé de la mener à l'Opéra, et je l'y ai menée le lendemain... Tu vois!

ANTOINETTE.

Je n'oserai jamais parler à mon mari d'une chose si grave.

POIRIER.

Ta dot peut cependant bien te donner voix au chapitre.

ANTOINETTE.

Il lèverait les épaules, il ne me répondrait pas.

VERDELET.

Il lève les épaules quand tu lui parles?

ANTOINETTE.

Non, mais...

VERDELET.

Oh ! oh ! tu baisses les yeux... Il paraît que ton mari te traite un peu légèrement. C'est ce que j'ai toujours craint.

POIRIER.

Est-ce que tu as à te plaindre de lui?

ANTOINETTE.

Non, mon père.

POIRIER.

Est-ce qu'il ne t'aime pas?

ANTOINETTE.

Je ne dis pas cela.

POIRIER.

Qu'est-ce que tu dis, alors?

ANTOINETTE.

Rien.

VERDELET.

Voyons, ma fille, explique-toi franchement avec tes vieux amis. Nous ne sommes créés et mis au monde que pour veiller sur ton bonheur ; à qui te confieras-tu si tu te caches de ton père et de ton parrain? Tu as du chagrin ?

ANTOINETTE.

Je n'ai pas le droit d'en avoir, mon mari est très-doux et très-bon.

POIRIER.

Eh bien, alors?

VERDELET.

Est-ce que cela suffit? Il est doux et bon, mais il ne fait guère plus attention à toi qu'à une jolie poupée, n'est-ce pas?

ANTOINETTE.

C'est ma faute. Je suis timide avec lui ; je n'ose lui ouvrir ni mon esprit ni mon cœur. Je suis sûre qu'il me prend pour une pensionnaire qui a voulu être marquise.

POIRIER.

Cet imbécile !

VERDELET.

Que ne t'expliques-tu à lui ?

ANTOINETTE.

J'ai essayé plusieurs fois ; mais le ton de sa première réponse était toujours en tel désaccord avec ma pensée que je n'osais plus continuer. Il y a des confidences qui veulent être encouragées, l'âme a sa pudeur. Tu dois comprendre cela, mon bon Tony ?

POIRIER.

Eh bien ! et moi, est-ce que je ne le comprends pas ?

ANTOINETTE.

Vous aussi, mon père. Comment dire à Gaston que ce n'est pas son titre qui m'a plu, mais la grâce de ses manières et de son esprit, son humeur chevaleresque, son dédain des mesquineries de la vie ? comment lui dire enfin qu'il est l'homme de mes rêveries, si, au premier mot, il m'arrête par une plaisanterie ?

POIRIER.

S'il plaisante, c'est qu'il est gai, ce garçon.

VERDELET.

Non, c'est que sa femme l'ennuie.

POIRIER, à Antoinette.

Tu ennuies ton mari ?

ANTOINETTE.

Hélas ! j'en ai peur !

POIRIER.

Parbleu ! ce n'est pas toi qui l'ennuies, c'est son oisiveté. Un mari n'aime pas longtemps sa femme quand il n'a pas autre chose à faire que de l'aimer.

ANTOINETTE.

Est-ce vrai, Tony ?

POIRIER.

Puisque je te le dis, tu n'as pas besoin de consulter Verdelet.

VERDELET.

Je crois, en effet, que la passion s'épuise vite et qu'il faut l'administrer comme la fortune, avec économie.

POIRIER.

Un homme a des besoins d'activité qui veulent être satisfaits a tout prix et qui s'égarent quand on leur barre le chemin.

VERDELET.

Une femme doit être la préoccupation et non l'occupation de son mari.

POIRIER.

Pourquoi ai-je toujours adoré ta mère? c'est que je n'avais jamais le temps de penser à elle.

VERDELET.

Ton mari a vingt-quatre heures par jour pour t'aimer...

POIRIER.

C'est trop de douze.

ANTOINETTE.

Vous m'ouvrez les yeux.

POIRIER.

Qu'il prenne un emploi et les choses rentreront dans l'ordre.

ANTOINETTE.

Qu'en dis-tu, Tony?

VERDELET.

C'est possible! La difficulté est de le faire consentir.

POIRIER.

J'attacherai le grelot. Soutenez-moi tous les deux.

VERDELET.

Est-ce que tu comptes aborder la question tout de suite?

POIRIER.

Non, après déjeuner. J'ai observé que monsieur le marquis a la digestion gaie.

SCÈNE VI.

LES MÊMES, GASTON, LE DUC.

GASTON, présentant le duc à sa femme.

Ma chère Antoinette, monsieur de Montmeyran ; ce n'est pas un inconnu pour vous.

ANTOINETTE.

En effet, monsieur, Gaston m'a tant de fois parlé de vous, que je crois tendre la main à un ancien ami.

LE DUC.

Vous ne vous trompez pas, madame; vous me faites comprendre qu'un instant peut suffire pour improviser une vieille amitié. (Bas au marquis.) Elle est charmante, ta femme.

GASTON, bas au duc.

Oui, elle est gentille. (A Antoinette.) J'ai une bonne nouvelle à vous annoncer, ma chère : Hector veut bien demeurer avec nous pendant tout son congé.

ANTOINETTE.

Que c'est aimable à vous, monsieur! J'espère que votre congé est long?

LE DUC.

Un mois, et je retourne en Afrique.

VERDELET.

Vous donnez là un noble exemple, monsieur le duc ; c'est bien à vous de n'avoir pas considéré l'oisiveté comme un héritage de famille.

GASTON, à part.

Une pierre dans mon jardin! Il finira par le paver, ce bon monsieur Verdelet. (Entre un domestique apportant un tableau.)

LE DOMESTIQUE.

On vient d'apporter ce tableau pour monsieur le marquis.

GASTON.

Mettez-le sur cette chaise, près de la fenêtre... là! c'est bien! (Le domestique sort.) Viens voir cela, Montmeyran.

LE DUC.

C'est charmant! le joli effet de soir! Ne trouvez-vous pas, madame?

ANTOINETTE.

Oui, charmant!... et comme c'est vrai!... que tout cela est calme, recueilli! On aimerait à se promener dans ce paysage silencieux.

POIRIER, à Verdelet.

Pair de France.

GASTON.

Regarde-moi donc cette bande de lumière verte, qui court entre les tons orangés de l'horizon et le bleu froid du reste du ciel! comme c'est rendu!

LE DUC.

Et le premier plan!... quelle pâte, quelle solidité!

GASTON.

Et le miroitement presque imperceptible de cette flaque d'eau sous le feuillage... est-ce joli!

POIRIER.

Voyons ça, Verdelet... (s'approchant tous deux.) Eh bien! qu'est-ce que ça représente?

VERDELET.

Parbleu! ça représente neuf heures du soir, en été, dans les champs.

POIRIER.

Ça n'est pas intéressant, ce sujet-là, ça ne dit rien! J'ai dans ma chambre une gravure qui représente un chien au bord de la mer, aboyant devant un chapeau de matelot... à la bonne heure! ça se comprend, c'est ingénieux, c'est simple et touchant.

GASTON.

Eh bien, monsieur Poirier... puisque vous aimez les tableaux touchants, je vous en ferai faire un d'après un sujet que j'ai pris moi-même sur nature: Il y avait sur une table un petit oignon coupé en quatre, un pauvre petit oignon blanc! le couteau était à côté... Ce n'était rien et ça tirait les larmes des yeux.

VERDELET, bas à Poirier.

Il se moque de toi.

POIRIER, bas à Verdelet.

Laisse-le faire.

LE DUC.

De qui est ce paysage ?

GASTON.

D'un pauvre diable plein de talent, qui n'a pas le sou.

POIRIER.

Et combien avez-vous payé ça ?

GASTON.

Cinquante louis.

POIRIER.

Cinquante louis ! le tableau d'un inconnu qui meurt de faim ! A l'heure du dîner, vous l'auriez eu pour vingt-cinq francs.

ANTOINETTE.

Oh ! mon père !

POIRIER.

Voilà une générosité bien placée !

GASTON.

Comment, monsieur Poirier, trouveriez-vous mauvais qu'on protége les arts ?

POIRIER.

Qu'on protége les arts, bien ! mais les artistes, non... ce sont tous des fainéants et des débauchés. On raconte d'eux des choses qui donnent la chair de poule et que je ne me permettrai pas de répéter devant ma fille.

VERDELET, bas à Poirier.

Quoi donc ?

POIRIER, bas.

On dit, mon cher... (Il le prend à part et lui parle dans le tuyau de l'oreille.)

VERDELET.

Tu crois ces choses-là, toi ?

POIRIER.

Je l'ai entendu dire à des gens qui le savaient.

UN DOMESTIQUE, entrant.

Madame la marquise est servie.

POIRIER, au domestique.

Vous monterez une fiole de mon Pomard de 1811... (au duc) année de la comète... monsieur le duc !... quinze francs la bouteille ! Le roi n'en boit pas de meilleur. (Bas à Verdelet.) Tu n'en boiras pas... ni moi non plus.

GASTON, au duc.

Quinze francs la bouteille, en rendant le verre, mon bon.

VERDELET, bas à Poirier.

Il se moque toujours de toi, et tu le souffres ?

POIRIER, bas.

Il faut être coulant en affaires.

(Ils sortent.)

IN DU PREMIER ACTE.

ACTE DEUXIÈME

Même décor.

SCÈNE PREMIÈRE.

TOUS LES PERSONNAGES.

(On sort de la salle à manger.)

GASTON.

Eh! bien, Hector, qu'en dis-tu? Voilà la maison! c'est ainsi tous les jours que Dieu fait. Crois-tu qu'il y ait au monde un homme plus heureux que moi?

LE DUC.

Ma foi! j'avoue que je te porte envie, tu me réconcilies avec le mariage.

ANTOINETTE, bas à Verdelet.

Quel charmant jeune homme, monsieur de Montmeyran!

VERDELET, bas.

Il me plaît beaucoup.

GASTON.

Monsieur Poirier, il faut que je vous le dise une bonne fois, vous êtes un homme excellent, croyez bien que vous n'avez pas affaire à un ingrat.

POIRIER.

Oh! monsieur le marquis!

GASTON.

Appelez-moi Gaston, que diable! Et vous, mon cher monsieur Verdelet, savez-vous bien que j'ai plaisir à vous voir?

ANTOINETTE.

Il est de la famille, mon ami.

GASTON.

Touchez donc là, mon oncle!

VERDELET, lui donnant la main.

(A part.) Il n'est pas méchant.

GASTON.

Conviens, Hector, que j'ai eu de la chance! Tenez, monsieur Poirier, j'ai un poids sur la conscience. Vous ne songez qu'à faire de ma vie une fête de tous les instants ; ne m'offrirez-vous jamais une occasion de m'acquitter? Tâchez donc une fois de désirer quelque chose qui soit en mon pouvoir.

POIRIER.

Eh bien, puisque vous êtes en si bonnes dispositions, accordez-moi un quart d'heure d'entretien; je veux avoir avec vous une conversation sérieuse.

LE DUC.

Je me retire.

POIRIER.

Au contraire, monsieur, faites-nous l'amitié de rester. Nous allons tenir en quelque sorte un conseil de famille; vous n'êtes pas de trop, non plus que Verdelet.

GASTON.

Diantre, cher beau-père, un conseil de famille! voudriez-vous me faire interdire, par hasard?

POIRIER.

Dieu m'en garde, mon cher Gaston, asseyons-nous. (On s'assied.)

GASTON.

La parole est à monsieur Poirier.

POIRIER.

Vous êtes heureux, mon cher Gaston, vous le dites, et c'est ma plus douce récompense.

GASTON.

Je ne demande qu'à doubler la gratification.

POIRIER.

Mais, voilà trois mois donnés aux douceurs de la lune de miel; la part du roman me semble suffisante, et je crois l'instant venu de penser à l'histoire.

GASTON.

Palsembleu! vous parlez comme un livre; pensons à l'histoire, je le veux bien.

POIRIER.

Que comptez-vous faire?

GASTON.

Aujourd'hui?

POIRIER.

Et demain, et à l'avenir... vous devez avoir une idée.

GASTON.

Sans doute, mon plan est arrêté, je compte faire aujourd'hui ce que j'ai fait hier, et demain ce que j'aurai fait aujourd'hui, je ne suis pas un esprit versatile malgré mon air léger, et pourvu que l'avenir ressemble au présent, je me tiens satisfait.

POIRIER.

Vous êtes cependant trop raisonnable pour croire à l'éternité de la lune de miel.

GASTON.

Trop raisonnable, vous l'avez dit, et trop ferré sur l'astronomie... Mais vous n'êtes pas sans avoir lu Henri Heine.

POIRIER.

Tu dois avoir lu ça, Verdelet?

VERDELET.

Je l'ai lu, j'en conviens.

POIRIER.

Cet être-là a passé sa vie à faire l'école buissonnière.

GASTON.

Eh bien! Henri Heine, interrogé sur le sort des vieilles pleines lunes, répond qu'on les casse pour en faire des étoiles.

POIRIER.

Je ne saisis pas...

GASTON.

Quand notre lune de miel sera vieille, nous la casserons, et il y aura de quoi faire toute une voie lactée.

POIRIER.

L'idée est sans doute fort gracieuse.

LE DUC.

Elle n'a de mérite que son extrême simplicité.

POIRIER.

Mais sérieusement, mon gendre, la vie un peu oisive que vous menez ne vous semble-t-elle pas funeste au bonheur d'un jeune ménage?

GASTON.

Nullement.

VERDELET.

Un homme de votre valeur ne peut pas se condamner au désœuvrement à perpétuité.

GASTON.

Avec de la résignation...

ANTOINETTE.

Ne craignez-vous pas, mon ami, que l'ennui ne vous gagne?

GASTON.

Vous vous calomniez, ma chère.

ANTOINETTE.

Je n'ai pas la vanité de croire que je puisse remplir votre existence tout entière, et, je vous l'avoue, je serais heureuse de vous voir suivre l'exemple de monsieur de Montmeyran.

GASTON.

Me conseillez-vous de m'engager, par hasard?

ANTOINETTE.

Non. certes.

GASTON.

Mais pourquoi donc alors?

POIRIER.

Nous voudrions que vous prissiez une position digne de votre nom.

GASTON.

Il n'y a que trois positions que mon nom me permette : soldat, évêque ou laboureur. Choisissez.

POIRIER.

Nous nous devons tous à la France : la France est notre mère.

VERDELET.

Je comprends le chagrin d'un fils qui voit sa mère se remarier; je comprends qu'il n'assiste pas à la noce; mais, s'il a du cœur, il ne boudera pas sa mère ; et si le second mari la rend heureuse, il lui tendra bientôt la main.

POIRIER.

L'abstention de la noblesse ne peut durer éternellement ; elle commence elle-même à le reconnaître, et déjà plus d'un grand nom a donné l'exemple : monsieur de Valchevrière, monsieur de Chazerolles, monsieur de Mont-Louis.

GASTON.

Ces messieurs ont fait ce qu'il leur a convenu de faire ; je ne les juge pas, mais il ne m'est pas permis de les imiter.

ANTOINETTE.

Pourquoi donc, mon ami ?

GASTON.

Demandez à Montmeyran.

VERDELET.

L'uniforme de monsieur le duc répond pour lui.

LE DUC.

Permettez, monsieur : le soldat n'a qu'une opinion, le devoir,... qu'un adversaire, l'ennemi.

POIRIER.

Cependant, monsieur, on pourrait vous répondre...

GASTON.

Brisons là, monsieur Poirier ; il n'est pas question ici de politique. Les opinions se discutent, les sentiments ne se discutent pas. Je suis lié par la reconnaissance : ma fidélité est celle d'un serviteur et d'un ami... Plus un mot là-dessus. (Au duc.) Je te demande pardon, mon cher ; c'est la première fois qu'on parle politique ici, je te promets que ce sera la dernière.

LE DUC, bas à Antoinette.

On vous a fait faire une maladresse, madame.

ANTOINETTE.

Ah ! monsieur, je le sens trop tard !

GASTON.

Sans rancune, monsieur Poirier ; je me suis exprimé un peu vertement, mais j'ai l'épiderme délicat à cet endroit, et sans le vouloir, j'en suis certain, vous m'aviez égratigné. Je ne vous en veux pas, touchez là.

POIRIER.

Vous êtes trop bon.

VERDELET, bas à Poirier.

Te voilà dans de beaux draps !

POIRIER, de même.

Le premier assaut a été repoussé, mais je ne lève pas le siége.

UN DOMESTIQUE.

Il y a dans le petit salon des gens qui prétendent avoir rendez-vous avec monsieur Poirier.

POIRIER.

Très-bien, priez-les de m'attendre un instant, je suis à eux. (Le domestique sort.) Vos créanciers, mon gendre.

GASTON.

Les vôtres, cher beau-père, je vous les ai donnés.

LE DUC.

En cadeau de noces.

VERDELET.

Adieu, monsieur le marquis.

GASTON.

Vous nous quittez déjà !

VERDELET.

Le mot est aimable. Antoinette m'a donné une petite commission.

POIRIER.

Tiens ! laquelle ?

VERDELET.

C'est un secret entre elle et moi.

GASTON.

Savez-vous bien que si j'étais jaloux...

ANTOINETTE.

Mais vous ne l'êtes pas.

GASTON.

Est-ce un reproche ? Eh ! bien, je veux être jaloux. Monsieur

Verdelet, au nom de la loi, je vous enjoins de me dévoiler ce mystère.

VERDELET.

A vous moins qu'à personne.

GASTON.

Et pourquoi, s'il vous plaît ?

VERDELET.

Vous êtes la main droite d'Antoinette, et la main droite doit ignorer...

GASTON.

Ce que donne la main gauche. Vous avez raison, j'ai été indiscret, et je me mets à l'amende. (Donnant sa bourse à Antoinette.) Joignez mon offrande à la vôtre, ma chère enfant.

ANTOINETTE.

Merci pour mes pauvres.

POIRIER, à par

Comme il y va !

LE DUC.

Me permettez-vous, madame, de vous voler aussi un peu de bénédictions. (Lui donnant sa bourse.) Elle est bien légère, mais c'est l'obole du brigadier.

ANTOINETTE.

Offerte par le cœur d'un duc.

POIRIER, à part.

Ça n'a pas le sou, et ça fait l'aumône !

VERDELET.

Et toi, Poirier, n'ajouteras-tu rien à ma récolte?

POIRIER.

Moi, j'ai donné mille francs au bureau de bienfaisance.

VERDELET.

A la bonne heure. Adieu, messieurs. Votre charité ne figurera pas sur les listes du bureau, mais elle n'en est pas plus mauvaise. (Il sort avec Antoinette.)

SCÈNE II.

LES MÊMES MOINS VERDELET.

POIRIER.

A bientôt, monsieur le marquis; je vais payer vos créanciers.

GASTON.

Ah çà! monsieur Poirier, parce que ces gens-là m'ont prêté de l'argent, ne vous croyez pas tenu d'être poli avec eux. — Ce sont d'abominables coquins... Tu as dû les connaître, Hector? le père Salomon, monsieur Chavassus, monsieur Cogne.

LE DUC.

Si je les ai connus!... Ce sont les premiers arabes auxquels je me sois frotté. Ils me prêtaient à cinquante pour cent, au denier deux comme disaient nos pères.

POIRIER.

Quel brigandage! Et vous aviez la sottise... Pardon, monsieur le duc... pardon!.

LE DUC.

Que voulez-vous? Dix mille francs au denier deux font encore plus d'usage que rien du tout à cinq pour cent.

POIRIER.

Mais, monsieur, il y a des lois contre l'usure.

LE DUC.

Les usuriers les respectent et les observent, ils ne prennent que l'intérêt légal; seulement on leur fait un billet et on ne touche que moitié en espèces.

POIRIER.

Et le reste?

LE DUC.

On le touche en lézards empaillés, comme du temps de Molière... car les usuriers ne progressent plus, sans doute, pour avoir atteint la perfection tout d'abord.

GASTON.

Comme les Chinois.

POIRIER.

J'aime à croire, mon gendre, que vous n'avez pas emprunté à ce taux.

GASTON.

J'aimerais à le croire aussi, beau-père.

POIRIER.

A cinquante pour cent !

GASTON.

Ni plus ni moins.

POIRIER.

Et vous avez touché des lézards empaillés ?

GASTON.

Beaucoup.

POIRIER.

Que ne m'avez-vous dit cela plus tôt? Avant votre mariage, j'aurais obtenu une transaction.

GASTON.

C'est justement ce que je ne voulais pas. Il ferait beau voir que le marquis de Presles rachetât sa parole au rabais, et fît lui-même cette insulte à son nom.

POIRIER.

Cependant, si vous ne devez que moitié...

GASTON.

Je n'ai reçu que moitié, mais je dois le tout ; ce n'est pas à ces voleurs que je le dois, mais à ma signature.

POIRIER.

Permettez, monsieur le marquis, je me crois honnête homme ; je n'ai jamais fait tort d'un sou à personne, et je suis incapable de vous donner un conseil indélicat ; mais il me semble qu'en remboursant ces drôles de leurs déboursés réels, et en y ajoutant les intérêts composés à six pour cent, vous auriez satisfait à la plus scrupuleuse probité.

GASTON.

Il ne s'agit pas ici de probité, c'est une question d'honneur.

POIRIER.

Quelle différence faites-vous donc entre les deux ?

GASTON.

L'honneur est la probité du gentilhomme.

POIRIER.

Ainsi, nos vertus changent de nom quand vous voulez bien les pratiquer? Vous les décrassez pour vous en servir? Je m'étonne d'une chose, c'est que le nez d'un noble daigne s'appeler comme le nez d'un bourgeois.

GASTON.

C'est que tous les nez sont égaux.

LE DUC.

A six pouces près.

POIRIER.

Croyez-vous donc que les hommes ne le soient pas?

GASTON.

La question est grave.

POIRIER.

Elle est résolue depuis longtemps, monsieur le marquis.

LE DUC.

Nos droits sont abolis, mais non pas nos devoirs. De tous nos priviléges il ne nous reste que deux mots, mais deux mots que nulle main humaine ne peut rayer : *Noblesse oblige*. Et quoi qu'il arrive, nous resterons toujours soumis à un code plus sévère que la loi, à ce code mystérieux que nous appelons l'honneur.

POIRIER.

Eh bien, monsieur le marquis, il est heureux pour votre honneur que ma probité paie vos dettes. Seulement, comme je ne suis pas gentilhomme, je vous préviens que je vais tâcher de m'en tirer au meilleur marché possible.

GASTON.

Ah! vous serez bien fin, si vous faites lâcher prise à ces bandits, ils sont maîtres de la situation. (Antoinette rentre.)

POIRIER.

Nous verrons, nous verrons. (A part.) J'ai mon idée, je vais leur jouer une petite comédie de ma façon. (Haut.) Je ne veux pas les irriter en les faisant attendre plus longtemps.

LE DUC.

Non, diable, ils vous dévoreraient. (Poirier sort.)

SCÈNE III.

GASTON, LE DUC, ANTOINETTE.

GASTON.

Pauvre monsieur Poirier ! j'en suis fâché pour lui... cette révélation lui gâte tout le plaisir qu'il se faisait de payer mes dettes.

LE DUC.

Écoute donc : ils sont rares les gens qui savent se laisser voler. C'est un art de grand seigneur.

UN DOMESTIQUE.

Messieurs de Ligny et de Chazerolles demandent à parler à monsieur le marquis de la part de monsieur de Pontgrimaud.

GASTON.

C'est bien. (Le domestique sort.) Va recevoir ces messieurs, Hector. Tu n'as pas besoin de moi pour arranger la partie.

ANTOINETTE.

Une partie ?

GASTON.

Oui, j'ai gagné une grosse somme à Pontgrimaud et je lui ai promis sa revanche. (A Hector.) Que ce soit demain, dans l'après-midi.

LE DUC, bas à Gaston.

Quand te reverrai-je ?

GASTON.

Madame de Montjay m'attend à trois heures. Eh bien, à trois heures, ici. (Le duc sort.)

SCÈNE IV.

GASTON, ANTOINETTE.

GASTON s'assied sur un canapé, ouvre une revue, bâille, et dit à sa femme.

Viendrez-vous ce soir aux Italiens ?

ANTOINETTE.

Oui, si vous y allez.

GASTON.

J'y vais... Quelle robe mettrez-vous?

ANTOINETTE.

Celle qui vous plaira.

GASTON.

Oh! cela m'est égal... je veux dire que vous êtes jolie avec toutes.

ANTOINETTE.

Vous qui avez si bien le sentiment de l'élégance, mon ami, vous devriez me donner des conseils.

GASTON.

Je ne suis pas un journal de modes, ma chère enfant; au surplus, vous n'avez qu'à regarder les grandes dames et à prendre modèle... Voyez madame de Nohan, madame de Villepreux...

ANTOINETTE.

Madame de Montjay...

GASTON.

Pourquoi madame de Montjay plus qu'une autre?

ANTOINETTE.

Parce qu'elle vous plaît plus qu'une autre.

GASTON.

Où prenez-vous cela?

ANTOINETTE.

L'autre soir, à l'Opéra, vous lui avez fait une longue visite dans sa loge. Elle est très-jolie... A-t-elle de l'esprit?

GASTON.

Beaucoup. (Un silence.)

ANTOINETTE.

Pourquoi ne m'avertissez-vous pas, quand je fais quelque chose qui vous déplaît?

GASTON.

Je n'y ai jamais manqué.

ANTOINETTE.

Oh! vous ne m'avez jamais adressé une remontrance.

GASTON.

C'est donc que vous ne m'avez jamais rien fait qui m'ait déplu.

ANTOINETTE.

Sans aller bien loin, tout à l'heure, en insistant pour que vous prissiez un emploi, je vous ai froissé.

GASTON.

Je n'y pensais déjà plus.

ANTOINETTE.

Croyez bien que si j'avais su à quel sentiment respectable je me heurtais...

GASTON.

En vérité, ma chère enfant, on dirait que vous me faites des excuses.

ANTOINETTE.

C'est que j'ai peur que vous n'attribuiez à une vanité puérile...

GASTON.

Et quand vous auriez un peu de vanité, le grand crime!

ANTOINETTE.

Je n'en ai pas, je vous jure.

GASTON, *se levant.*

Alors, ma chère, vous êtes sans défauts; car je ne vous en voyais pas d'autres... Savez-vous bien que vous avez fait la conquête de Montmeyran? Il y a là de quoi être fière. Hector est difficile.

ANTOINETTE.

Moins que vous.

GASTON.

Vous me croyez difficile? Vous voyez bien que vous avez de la vanité, je vous y prends.

ANTOINETTE.

Je ne me fais pas d'illusion sur moi-même, je sais tout ce qui me manque pour être digne de vous... mais si vous vouliez prendre la peine de diriger mon esprit, de l'initier aux idées de votre monde, je vous aime assez pour me métamorphoser.

GASTON, *lui baisant la main.*

Je ne pourrais que perdre à la métamorphose, madame; je

serais d'ailleurs un mauvais instituteur. Il n'y a qu'une école où l'on apprenne ce que vous croyez ignorer : c'est le monde. Étudiez-le.

ANTOINETTE.

Oui, je prendrai modèle sur madame de Monjay.

GASTON.

Encore ce nom !... me feriez-vous l'honneur d'être jalouse? Prenez garde, ma chère, ce sentiment est du dernier bourgeois. Apprenez, puisque vous me permettez de faire le pédagogue, apprenez que dans notre monde le mariage n'est pas le ménage ; nous ne mettons en commun que les choses nobles et élégantes de la vie. Ainsi, quand je suis loin de vous, ne vous inquiétez pas de ce que je fais ; dites-vous seulement : il fatigue ses défauts pour m'apporter une heure de perfection ou à peu près.

ANTOINETTE.

Je trouve que votre plus grand défaut, c'est votre absence.

GASTON.

Le madrigal est joli, et je vous en remercie. Qui vient là ? mes créanciers.

SCÈNE V.

Les Mêmes, LES CRÉANCIERS.

GASTON.

Vous ici, messieurs? vous vous êtes trompés de porte. L'escalier de service est de l'autre côté.

SALOMON.

Nous n'avons pas voulu sortir sans vous voir, monsieur le marquis.

GASTON.

Je vous tiens quitte de vos remerciements.

COGNE.

Nous venons chercher les vôtres.

CHAVASSUS.

Vous nous avez assez longtemps traités de Gobseck.

COGNE.

De grippe-sous.

SALOMON.

De fesse-Mathieu.

CHAVASSUS.

Nous sommes bien aises de vous dire que nous sommes d'honnêtes gens.

GASTON.

Quelle est cette plaisanterie?

COGNE.

Ce n'est pas une plaisanterie, monsieur, nous vous avons prêté notre argent à six pour cent.

GASTON.

Mes billets n'ont-ils pas été acquittés intégralement?

SALOMON.

Il s'en manque d'une bagatelle, comme qui dirait deux cent dix-huit mille francs.

GASTON.

Comment?

CHAVASSUS.

Il a bien fallu en passer par là.

SALOMON.

Votre beau-père voulait absolument qu'on vous mît à Clichy.

GASTON.

Mon beau-père voulait...

COGNE.

Oui, oui, il paraît que vous lui en faites voir de grises à ce pauvre homme.

SALOMON.

C'est bien fait, ça lui apprendra.

COGNE.

En attendant, ça nous coûte cher.

GASTON, à Antoinette.

Votre père, madame, a joué là une comédie indigne. (Aux créanciers :) Je reste votre débiteur, messieurs, j'ai vingt-cinq mille livres de rentes.

SALOMON.

Vous savez bien que vous ne pouvez pas y toucher sans le consentement de votre épouse, nous avons vu votre contrat.

COGNE.

Et vous ne rendez pas votre épouse assez heureuse....

GASTON.

Sortez!

SALOMON.

On ne chasse pas comme des chiens d'honnêtes gens qui vous ont rendu service (Antoinette écrit), qui ont cru que la signature du marquis de Presles valait quelque chose.

SALOMON.

Et qui se sont trompés.

LES CRÉANCIERS.

Oui, qui se sont trompés.

ANTOINETTE donnant à Salomon le billet qu'elle vient d'écrire.

Vous ne vous êtes pas trompés, messieurs, vous êtes payés.

GASTON prend le billet, le parcourt des yeux, et après l'avoir rendu aux créanciers :

Maintenant que vous êtes des voleurs... sortez, canailles, avant qu'on vous balaie.

LES CRÉANCIERS.

Trop bon, monsieur le marquis! mille fois trop bon!

SCÈNE VI.

ANTOINETTE, GASTON.

GASTON.

Tiens, toi, je t'adore! (Il la prend dans ses bras et l'embrasse avec véhémence.)

ANTOINETTE.

Cher Gaston!

GASTON.

Où diable monsieur ton père a-t-il pris le cœur qu'il t'a donné?

ANTOINETTE.

Ne jugez pas mon père trop sévèrement, mon ami!... Il est

bon et généreux, mais il a des idées étroites et ne connaît que son droit. C'est la faute de son esprit, et non celle de son cœur. Enfin, mon ami, si vous trouvez que j'ai fait mon devoir à propos, pardonnez à mon père le moment d'angoisses...

GASTON.

J'aurais mauvaise grâce à vous rien refuser.

ANTOINETTE.

Vous ne lui ferez pas mauvais visage? bien sûr?

GASTON.

Non, puisque c'est votre bon plaisir, chère marquise... marquise, entendez-vous?...

ANTOINETTE.

Appelez-moi votre femme... c'est le seul titre dont je puisse être fière!

GASTON.

Vous m'aimez donc un peu?

ANTOINETTE.

Vous ne vous en étiez pas aperçu, ingrat!

GASTON.

Si fait... mais j'aime à vous l'entendre dire... surtout dans ce moment-ci. (La pendule sonne trois heures.) Trois heures! (A part.) Diable!... madame de Montjay qui m'attend chez elle.

ANTOINETTE.

A quoi pensez-vous en souriant?

GASTON.

Voulez-vous faire un tour de promenade au bois avec moi?

ANTOINETTE.

Mais... je ne suis pas habillée.

GASTON.

Vous jetterez un châle sur vos épaules... Sonnez votre femme de chambre. (Antoinette sonne.)

SCÈNE VII.

LES MÊMES, POIRIER.

POIRIER.

Eh bien! mon gendre, vous avez vu vos créanciers?

GASTON, avec mauvaise humeur.

Oui, monsieur...

ANTOINETTE, bas à Gaston, lui prenant le bras.

Rappelez-vous votre promesse.

GASTON, d'un air aimable.

Oui, cher beau-père, je les ai vus. (Entre la femme de chambre.

ANTOINETTE, à la femme de chambre.

Apportez-moi un châle et un chapeau, et dites qu'on attelle.

GASTON, à Poirier.

Permettez-moi de vous témoigner mon admiration pour votre habileté... vous avez joué ces drôles-là sous jambe. (Bas à Antoinette.) Je suis gentil?

POIRIER.

Vous prenez la chose mieux que je n'espérais... j'étais préparé à de fières ruades de votre honneur.

GASTON.

Je suis raisonnable, cher beau-père... Vous avez agi selon vos idées : je le trouve d'autant moins mauvais, que cela ne nous a pas empêchés d'agir selon les nôtres.

POIRIER.

Hein?

GASTON.

Vous n'avez soldé à ces faquins que leur créance réelle ; nous avons payé le reste.

POIRIER, à sa fille.

Comment, tu as signé! (Antoinette fait signe que oui.) Ah! Dieu du ciel! qu'as-tu fait là?

ANTOINETTE.

Je vous demande pardon, mon père...

POIRIER.

Je me mets la cervelle à l'envers pour te gagner une somme rondelette, et tu la jettes par la fenêtre! Deux cent dix-huit mille francs!

GASTON.

Ne pleurez pas, monsieur Poirier, c'est nous qui les perdons, et c'est vous qui les gagnez. (La femme de chambre entre tenant un châle et un chapeau.)

ANTOINETTE.

Adieu, mon père, nous allons au bois.

GASTON.

Donnez-moi le bras, ma femme. (Ils sortent.)

SCÈNE VIII.

POIRIER, seul.

Ah! mais il m'ennuie, mon gendre. Je vois bien qu'il n'y a rien à tirer de lui... Ce garçon-là mourra dans la gentilhommerie finale. Il ne veut rien faire, il n'est bon à rien... il me coûte les yeux de la tête... il est maître chez moi... Il faut que ça finisse. (Il sonne. — Entre un domestique.) Faites monter le portier et le cuisinier. (Le domestique sort.) Nous allons voir, mon gendre!. . J'ai assez fait le gros dos et la patte de velours. Vous ne voulez pas faire de concessions, mon bel ami? A votre aise! je n'en ferai pas plus que vous : restez marquis, je redeviens bourgeois. J'aurai du moins le contentement de vivre à ma guise.

SCÈNE IX.

POIRIER, LE PORTIER.

LE PORTIER.

Monsieur m'a fait demander?

POIRIER.

Oui, François, monsieur vous a fait demander. Vous allez mettre sur-le-champ l'écriteau sur la porte.

3.

LE PORTIER.

L'écriteau?

POIRIER.

A louer présentement un magnifique appartement au premier étage, avec écuries et remises.

LE PORTIER.

L'appartement de monsieur le marquis?

POIRIER.

Vous l'avez dit, François.

LE PORTIER.

Mais, monsieur le marquis ne m'a pas donné d'ordres.

POIRIER.

Qui est le maître ici, imbécile? à qui est l'hôtel?

LE PORTIER.

A vous, monsieur?

POIRIER.

Faites donc ce que je vous dis, sans réflexion.

LE PORTIER.

Oui, monsieur. (Entre Vatel.)

POIRIER.

Allez, François. (Le portier sort.) Approchez, monsieur Vatel; vous préparez un grand dîner pour demain?

VATEL.

Oui, monsieur, et j'ose dire que le menu ne serait pas désavoué par mon illustre aïeul. Ce sera véritablement un objet d'art, et monsieur Poirier sera étonné.

POIRIER.

Avez-vous le menu sur vous?

VATEL.

Non, monsieur, il est à la copie; mais je le sais par cœur.

POIRIER.

Veuillez me le réciter.

VATEL.

Le potage aux ravioles à l'Italienne et le potage à l'orge à la Marie Stuart.

POIRIER.

Vous remplacerez ces deux potages inconnus par la bonne soupe grasse avec des légumes sur une assiette.

VATEL.

Comment, monsieur?

POIRIER.

Je le veux. Continuez!

VATEL.

Relevé. La carpe du Rhin à la Lithuanienne, les poulardes à la Godard... le filet de bœuf braisé aux raisins, à la Napolitaine, le jambon de Westphalie, rôtie madère.

POIRIER.

Voici un relevé plus simple et plus sain : la barbue sauce aux câpres... le jambon de Bayonne aux épinards, le fricandeau à l'oseille, le lapin sauté.

VATEL.

Mais, monsieur Poirier... je ne consentirai jamais...

POIRIER.

Je suis le maître ici... entendez-vous? continuez!

VATEL.

Entrées. Les filets de volaille à la concordat... les croustades de truffes garnies de foie à la royale, le faisan étoffé à la Montpensier, les perdreaux rouges, farcis à la bohémienne.

POIRIER.

A la place de ces entrées, nous ne mettrons rien du tout, et nous passerons tout de suite au rôti, c'est l'essentiel.

VATEL.

C'est contre tous les préceptes de l'art.

POIRIER.

Je prends ça sur moi : voyons vos rôtis.

VATEL.

C'est inutile, monsieur, mon aïeul s'est passé son épée au travers du corps pour un moindre affront, je vous donne ma démission.

POIRIER.

J'allais vous la demander, mon bon ami ; mais comme on a huit jours pour remplacer un domestique...

VATEL.

Un domestique ! monsieur, je suis un cuisinier.

POIRIER.

Je vous remplacerai par une cuisinière. En attendant, vous êtes pour huit jours encore à mon service, et vous voudrez bien exécuter le menu.

VATEL.

Je me brûlerais la cervelle plutôt que de manquer à mon nom.

POIRIER, à part.

Encore un qui tient à son nom ! (Haut.) Brûlez-vous la cervelle, monsieur Vatel, mais ne brûlez pas vos sauces... Bien le bonjour. (Vatel sort.) Et, maintenant, allons écrire quelques invitations à mes vieux camarades de la rue des Bourdonnais. Monsieur le marquis de Presles, on va vous couper vos talons rouges !

(Il sort en fredonnant le premier couplet de Monsieur et Madame Denis.)

FIN DU DEUXIÈME ACTE.

ACTE TROISIÈME.

Même décor.

SCÈNE PREMIÈRE.

GASTON, ANTOINETTE.

GASTON.

La bonne promenade, la bonne bouffée de printemps! on se croirait en avril.

ANTOINETTE.

Vous ne vous êtes pas trop ennuyé, vraiment?

GASTON.

Avec vous, ma chère? Vous êtes tout simplement la plus charmante femme que je connaisse.

ANTOINETTE.

Des compliments, monsieur?

GASTON.

Non pas! la vérité sous sa forme la plus brutale. Quelle jolie excursion j'ai faite dans votre esprit! que de points de vue inattendus! que de découvertes! je vivais auprès de vous sans vous connaître, comme un Parisien dans Paris.

ANTOINETTE.

Je ne vous déplais pas trop?

GASTON.

C'est à moi de vous faire cette question. Je ressemble à un campagnard qui a hébergé une reine déguisée; tout à coup la reine met sa couronne et le rustre confus s'inquiète de ne pas lui avoir fait plus de fête.

ANTOINETTE.

Rassurez-vous, bon villageois, votre reine n'accusait que son incognito.

GASTON.

Pourquoi l'avoir si longtemps gardé, méchante? Est-ce par coquetterie et pour faire nouvelle lune? Vous avez réussi ; je n'étais que votre mari, je veux être votre amant.

ANTOINETTE.

Non, cher Gaston, restez mon mari; il me semble qu'on peut cesser d'aimer son amant, mais non pas d'aimer son mari.

GASTON.

A la bonne heure, vous n'êtes pas romanesque.

ANTOINETTE.

Je le suis à ma manière; j'ai, là-dessus, des idées qui ne sont peut-être plus de mode, mais qui sont enracinées en moi comme toutes les impressions d'enfance ; quand j'étais petite fille, je ne comprenais pas que mon père et ma mère ne fussent pas parents; et le mariage m'est resté dans l'esprit comme la plus tendre et la plus étroite des parentés. L'amour pour un autre homme que mon mari, pour un étranger, me paraît un sentiment contre nature.

GASTON.

Voilà des idées de matrone romaine, ma chère Antoinette; conservez-les toujours pour mon honneur et mon bonheur.

ANTOINETTE.

Prenez garde! il y a le revers de la médaille! je suis jalouse, je vous en avertis. Comme il n'y a pour moi qu'un homme au monde, il me faut toute son affection. Le jour où je découvrirais qu'il la porte ailleurs, je ne ferais ni plainte ni reproche, mais le lien serait rompu ; mon mari redeviendrait tout à coup un étranger pour moi... je me croirais veuve.

GASTON, à part.

Diable ! (Haut.) Ne craignez rien à ce sujet, chère Antoinette... nous allons vivre comme deux tourtereaux, comme Philémon et Baucis, sauf la chaumière... Vous ne tenez pas à la chaumière ?

ANTOINETTE.

Pas le moins du monde.

GASTON.

Je veux donner une fête splendide pour célébrer notre mariage, je veux que vous éclipsiez toutes les femmes et que tous les hommes me portent envie.

ANTOINETTE.

Faut-il tant de bruit autour du bonheur?

GASTON.

Est-ce que vous n'aimez pas les fêtes?

ANTOINETTE.

J'aime tout ce qui vous plaît : avons-nous du monde à dîner aujourd'hui?

GASTON.

Non, c'est demain; aujourd'hui nous n'avons que Montmeyran. Pourquoi cette question?

ANTOINETTE.

Dois-je faire une toilette?

GASTON.

Parbleu, je veux qu'en te voyant Hector ait envie de se marier. Va, chère enfant, cette journée te sera comptée dans mon cœur.

ANTOINETTE.

Oh! je suis bien heureuse! (Elle sort.)

SCÈNE II.

LE MARQUIS SEUL, PUIS POIRIER.

GASTON.

Il n'y a pas à dire, elle est plus jolie que madame de Montjay... Que le diable m'emporte si je ne suis pas en train de devenir amoureux de ma femme!... L'amour est comme la fortune : pendant que nous le cherchons bien loin, il nous attend chez nous, les pieds sur les chenets. (Entre Poirier.) Eh bien! cher beau-père, comment gouvernez-vous ce petit désespoir? Êtes-vous toujours furieux contre votre panier percé de gendre? Avez-vous pris votre parti?

POIRIER.

Non, monsieur; mais j'ai pris un parti!

GASTON.

Violent?

POIRIER.

Nécessaire !

GASTON.

Y a-t-il de l'indiscrétion à vous demander?...

POIRIER.

Au contraire, monsieur, c'est une explication que je vous dois.... En vous donnant ma fille et un million, je m'imaginais que vous consentiriez à prendre une position.

GASTON.

Ne revenons pas là-dessus, je vous prie.

POIRIER.

Je n'y reviens que pour mémoire... Je reconnais que j'ai eu tort d'imaginer qu'un gentilhomme consentirait à s'occuper comme un homme, et je passe condamnation ; mais, dans mon erreur, je vous ai laissé mettre ma maison sur un ton que je ne peux pas soutenir à moi seul ; et puisqu'il est bien convenu que nous n'avons à nous deux que ma fortune, il me paraît juste, raisonnable et nécessaire de supprimer de mon train ce qu'il me faut rabattre de mes espérances. J'ai donc songé à quelques réformes que vous approuverez sans doute.

GASTON.

Allez, Sully ! allez, Turgot !... coupez, taillez, j'y consens ! Vous me trouvez en belle humeur, profitez-en !

POIRIER.

Je suis ravi de votre condescendance. J'ai donc décidé, arrêté, ordonné...

GASTON.

Permettez, beau-père : si vous avez décidé, arrêté, ordonné, il me paraît superflu que vous me consultiez.

POIRIER.

Aussi ne vous consulté-je pas ; je vous mets au courant, voilà tout.

GASTON.

Ah ! vous ne me consultez pas?

POIRIER.

Cela vous étonne?

GASTON.

Un peu mais, je vous l'ai dit, je suis en belle humeur.

POIRIER.

Ma première réforme, mon cher garçon...

GASTON.

Vous voulez dire mon cher Gaston, je pense? La langue vous a fourché.

POIRIER.

Cher Gaston, cher garçon... c'est tout un... De beau-pere à gendre, la familiarité est permise.

GASTON.

Et de votre part, monsieur Poirier, elle me flatte et m'honore... Vous disiez donc que votre première réforme?...

POIRIER.

C'est, monsieur, que vous me fassiez le plaisir de ne plus me gouailler. Je suis las de vous servir de plastron.

GASTON.

Là, là, monsieur Poirier, ne vous fâchez pas!

POIRIER.

Je sais très-bien que vous me tenez pour un très-petit personnage et pour un très-petit esprit... mais...

GASTON.

Où prenez-vous cela?

POIRIER.

Mais vous saurez qu'il y a plus de cervelle dans ma pantoufle que sous votre chapeau.

GASTON.

Ah! fi! voilà qui est trivial... vous parlez comme un homme du commun.

POIRIER.

Je ne suis pas un marquis, moi!

GASTON.

Ne le dites pas si haut, on finirait par le croire.

POIRIER.

Qu'on le croie ou non, c'est le cadet de mes soucis. Je n'ai aucune prétention à la gentilhommerie, Dieu merci! je n'en fais pas assez de cas pour cela.

GASTON.

Vous n'en faites pas de cas?

POIRIER.

Non, monsieur, non! Je suis un vieux libéral, tel que vous me voyez; je juge les hommes sur leur mérite, et non sur leurs titres; je me ris des hasards de la naissance; la noblesse ne m'éblouit pas, et je m'en moque comme de l'an quarante: je suis bien aise de vous l'apprendre.

GASTON.

Me trouveriez-vous du mérite, par hasard?

POIRIER.

Non, monsieur, je ne vous en trouve pas.

GASTON.

Non! Ah! Alors, pourquoi m'avez-vous donné votre fille?

POIRIER.

Pourquoi je vous ai donné...

GASTON.

Vous aviez donc une arrière-pensée?

POIRIER, embarrassé.

Une arrière-pensée?

GASTON.

Permettez! Votre fille ne m'aimait pas quand vous m'avez attiré chez vous; ce n'étaient pas mes dettes qui m'avaient valu l'honneur de votre choix; puisque ce n'est pas non plus mon titre, je suis bien obligé de croire que vous aviez une arrière-pensée.

POIRIER.

Quand même, monsieur!... quand j'aurais tâché de concilier mes intérêts avec le bonheur de mon enfant? quel mal y verriez-vous? qui me reprochera, à moi qui donne un million de ma poche, qui me reprochera de choisir un gendre en état de me dédommager de mon sacrifice, quand d'ailleurs il est aimé de ma fille; j'ai pensé à elle d'abord, c'était mon devoir, à moi, ensuite, c'était mon droit.

GASTON.

Je ne conteste pas, Monsieur Poirier, vous n'avez eu qu'un tort, c'est d'avoir manqué de confiance en moi.

POIRIER.

C'est que vous n'êtes pas encourageant.

GASTON.

Me gardez-vous rancune de quelques plaisanteries? Je ne suis peut-être pas le plus respectueux des gendres, et je m'en accuse, mais dans les choses sérieuses je suis sérieux. Il est très-juste que vous cherchiez en moi l'appui que j'ai trouvé en vous.

POIRIER, à part.

Comprendrait-il la situation?

GASTON.

Voyons, cher beau-père, à quoi puis-je vous être bon? si tant est que je puisse être bon à quelque chose.

POIRIER.

Eh bien, j'avais rêvé que vous iriez aux Tuileries.

GASTON.

Encore! c'est donc votre marotte de danser à la cour?

POIRIER.

Il ne s'agit pas de danser. Faites-moi l'honneur de me prêter des idées moins frivoles. Je ne suis ni vain ni futile.

GASTON.

Qu'êtes-vous donc, ventre-saint-gris! expliquez-vous.

POIRIER, piteusement.

Je suis ambitieux!

GASTON.

On dirait que vous en rougissez; pourquoi donc? Avec l'expérience que vous avez acquise dans les affaires, vous pouvez prétendre à tout. Le commerce est la véritable école des hommes d'État.

POIRIER

C'est ce que Verdelet me disait ce matin.

GASTON.

C'est là qu'on puise cette hauteur de vues, cette élévation de sentiments, ce détachement des petits intérêts qui font les Richelieu et les Colbert.

POIRIER.

Oh! je ne prétends pas...

GASTON.

Mais qu'est-ce qui pourrait donc bien lui convenir à ce bon monsieur Poirier? Une préfecture? fi donc! Le conseil d'État, non! Un poste diplomatique? Ah! justement l'ambassade de Constantinople est à prendre...

POIRIER.

J'ai des goûts sédentaires : je n'entends pas le turc.

GASTON.

Attendez! (Lui frappant sur l'épaule.) Je crois que la pairie vous irait comme un gant.

POIRIER.

Oh! croyez-vous?

GASTON.

Mais, voilà le diable! vous ne faites partie d'aucune catégorie... vous n'êtes pas encore de l'Institut.

POIRIER.

Soyez donc tranquille! je paierai, quand il le faudra, trois mille francs de contributions directes. J'ai à la banque trois millions qui n'attendent qu'un mot de vous pour s'abattre sur de bonnes terres.

GASTON.

Ah! Machiavel! Sixte-Quint! vous les roulerez tous!

POIRIER.

Je crois que oui.

GASTON.

Mais j'aime à penser que votre ambition ne s'arrête pas en si bon chemin? Il vous faut un titre.

POIRIER.

Oh! oh! je ne tiens pas à ces hochets de la vanité : je suis, comme je vous le disais, un vieux libéral.

GASTON.

Raison de plus. Un libéral n'est tenu de mépriser que l'ancienne noblesse; mais la nouvelle, celle qui n'a pas d'aïeux...

POIRIER.

Celle qu'on ne doit qu'à soi-même!

GASTON.

Vous serez comte.

POIRIER.

Non. Il faut être raisonnable. Baron, seulement.

GASTON.

Le baron Poirier!... cela sonne bien à l'oreille.

POIRIER.

Oui, le baron Poirier!

GASTON. Il le regarde et part d'un éclat de rire.

Je vous demande pardon; mais là, vrai! c'est trop drôle! Baron! monsieur Poirier!... baron de Catillard!

POIRIER, à part.

Je suis joué!...

SCÈNE III.

Les Mêmes, LE DUC.

GASTON.

Arrive donc, Hector! arrive donc! Sais-tu pourquoi Jean Gaston de Presle a reçu trois coups d'arquebuse à la bataille d'Ivry? Sais-tu pourquoi François Gaston de Presle est monté le premier à l'assaut de La Rochelle? Pourquoi Louis Gaston de Presle s'est fait sauter à La Hogue? Pourquoi Philippe Gaston de Presle a pris deux drapeaux à Fontenoy? Pourquoi mon grand-père est mort à Quiberon? C'était pour que monsieur Poirier fût un jour pair de France ou baron.

LE DUC.

Que veux-tu dire?

GASTON.

Voilà le secret du petit assaut qu'on m'a livré ce matin.

LE DUC, à part.

Je comprends!

POIRIER.

Savez-vous, monsieur le duc, pourquoi j'ai travaillé quatorze heures par jour pendant trente ans? pourquoi j'ai amassé, sou par sou, quatre millions, en me privant de tout? C'est afin que monsieur le marquis Gaston de Presle, qui n'est mort ni à

Quiberon, ni à Fontenoy, ni à La Hogue, ni ailleurs, puisse mourir de vieillesse sur un lit de plume, après avoir passé sa vie à ne rien faire.

LE DUC.

Bien répliqué, monsieur!

GASTON.

Voilà qui promet pour la tribune!

LE DOMESTIQUE.

Il y a là des messieurs qui demandent à voir l'appartement.

GASTON.

Quel appartement?

LE DOMESTIQUE.

Celui de monsieur le marquis.

GASTON.

Le prend-on pour un muséum d'histoire naturelle?

POIRIER, *au domestique.*

Priez ces messieurs de repasser. (*Le domestique sort.*) Excusez-moi, mon gendre; entraîné par la gaieté de votre entretien, je n'ai pas pu vous dire que je loue le premier étage de mon hôtel.

GASTON.

Hein?

POIRIER.

C'est une des petites réformes dont je vous parlais.

GASTON.

Et où comptez-vous me loger?

POIRIER.

Au deuxième; l'appartement est assez vaste pour nous contenir tous.

GASTON.

L'arche de Noé!

POIRIER.

Il va sans dire que je loue les écuries et les remises.

GASTON.

Et mes chevaux? vous les logerez au deuxième aussi?

POIRIER.

Vous les vendrez.

GASTON.

J'irai donc à pied ?

LE DUC.

Ça te fera du bien. Tu ne marches pas assez.

POIRIER.

D'ailleurs, je garde mon coupé bleu. Je vous le prêterai.

LE DUC.

Quand il fera beau.

GASTON.

Ah çà ! monsieur Poirier !...

LE DOMESTIQUE, rentrant.

Monsieur Vatel demande à parler à monsieur le marquis.

GASTON.

Qu'il entre ! (Entre Vatel en habit noir.) Quelle est cette tenue, monsieur Vatel ? êtes-vous d'enterrement, ou la marée manque-t-elle ?

VATEL.

Je viens donner ma démission à monsieur le marquis.

GASTON.

Votre démission ? la veille d'une bataille !

VATEL.

Telle est l'étrange position qui m'est faite ; je dois déserter pour ne pas me déshonorer ; que monsieur le marquis daigne jeter les yeux sur le menu que m'impose monsieur Poirier.

GASTON.

Que vous impose monsieur Poirier ? Voyons cela. (Lisant.) Le lapin sauté !

POIRIER.

C'est le plat de mon vieil ami Ducaillou.

GASTON.

La dinde aux marrons.

POIRIER.

C'est le régal de mon camarade Groschenet.

GASTON.

Vous traitez la rue des Bourdonnais ?

POIRIER.

En même temps que le faubourg Saint-Germain.

GASTON.

J'accepte votre démission, Monsieur Vatel. (Vatel sort.) Ainsi demain mes amis auront l'honneur d'être présentés aux vôtres ?

POIRIER.

Vous l'avez dit, ils auront cet honneur... Monsieur le duc sera-t-il humilié de manger ma soupe entre monsieur et madame Pincebourde ?

LE DUC.

Nullement. Cette petite débauche ne me déplaira pas. Madame Pincebourde doit chanter au dessert ?

GASTON.

Après dîner nous ferons un cent de piquet.

LE DUC.

Ou un loto.

POIRIER.

Ou un nain-jaune.

GASTON.

Et de temps en temps, j'espère, nous renouvellerons cette bamboche.

POIRIER.

Mon salon sera ouvert tous les soirs et vos amis seront toujours les bienvenus.

GASTON.

Décidément, monsieur Poirier, votre maison va devenir un lieu de délices, une petite Capoue. Je craindrais de m'y amollir, j'en sortirai pas plus tard que demain.

POIRIER.

J'en serai au regret... mais mon hôtel n'est pas une prison. Quelle carrière embrasserez-vous ? la médecine ou le barreau ?

GASTON.

Qui parle de cela ?

POIRIER.

Les ponts et chaussées peut-être ? ou le professorat ? car vous ne pensez pas tenir votre rang avec neuf mille francs de rente ?

LE DUC.

Neuf mille francs de rentes?

POIRIER, à Gaston.

Dame! la bilan est facile à établir: vous avez reçu cinq cent mille francs de la dot de ma fille. La corbeille de noces et les frais d'installation en ont absorbé cent mille. Vous venez d'en donner deux cent dix-huit mille à vos créanciers, il vous en reste donc cent quatre-vingt-deux mille, qui, placés au taux légal, représentent neuf mille livres de rente... Est-ce clair? Est-ce avec ce revenu que vous nourrirez vos amis de carpes à la Lithuanienne et de volailles à la concordat? Croyez-moi, mon cher Gaston, restez chez moi, vous y serez encore mieux que chez vous. Pensez à vos enfants... qui ne seront pas fâchés de trouver un jour dans la poche du marquis de Presles les économies du bonhomme Poirier. A revoir, mon gendre, je vais régler le compte de monsieur Vatel. (Il sort.)

SCENE IV.

LE DUC, LE MARQUIS.

Ils se regardent un instant. Le duc éclate de rire.)

GASTON.

Tu trouves cela drôle, toi?

LE DUC.

Ma foi, oui! Voilà donc ce beau-père modeste et nourrissant comme les arbres à fruit? ce George Dandin? Tu as trouvé ton maître, mon fils; mais, au nom du ciel, ne fais pas cette piteuse mine. Regarde-toi, tu as l'air d'un paladin qui partait pour la croisade et que la pluie a fait rentrer! Ris donc un peu; l'aventure n'est pas tragique.

GASTON.

Tu as raison!... Parbleu! Monsieur Poirier, mon beau-père, vous me rendez là un service dont vous ne vous doutez pas.

LE DUC.

Un service?

GASTON.

Oui, mon cher, oui, j'allais tout simplement me couvrir de ridicule ; j'étais en chemin de devenir amoureux de ma femme... Heureusement monsieur Poirier m'arrête à la première station.

LE DUC.

Ta femme n'est pas responsable des sottises de monsieur Poirier. Elle est charmante.

GASTON.

Laisse-moi donc tranquille ! Elle ressemble à son père.

LE DUC.

Pas le moins du monde.

GASTON.

Je te dis qu'elle a un air de famille... je ne pourrais plus l'embrasser sans penser à ce vieux crocodile. Et puis, je voulais bien rester au coin du feu... mais du moment qu'on y met la marmite... (Il tire sa montre.) Bonsoir !

LE DUC.

Où vas-tu ?

GASTON.

Chez madame de Montjay : voilà deux heures qu'elle m'attend.

LE DUC.

Non, Gaston, n'y va pas.

GASTON.

Ah ! on veut me rendre la vie dure, ici ; on veut me mettre en pénitence...

LE DUC.

Écoute-moi donc !

GASTON.

Tu n'as rien à me dire.

LE DUC.

Et ton duel ?

GASTON.

Tiens ! c'est vrai... je n'y pensais plus.

LE DUC.

Tu te bats demain à deux heures, au bois de Vincennes.

GASTON.

Très-bien ! De l'humeur dont je suis, Pontgrimaud passera demain un joli quart d'heure.

SCÈNE V.

LES MÊMES, VERDELET, ANTOINETTE.

ANTOINETTE.

Vous sortez, mon ami ?

GASTON.

Oui, madame, je sors. (Il sort.)

VERDELET.

Dis donc, Toinon ? il ne paraît pas d'humeur aussi charmante que tu le disais.

ANTOINETTE.

Je n'y comprends rien...

LE DUC.

Il se passe ici des choses graves, madame.

ANTOINETTE.

Quoi donc ?...

LE DUC.

Votre père est ambitieux.

VERDELET.

Ambitieux !... Poirier ?

LE DUC.

Il avait compté sur le nom de son gendre pour arriver...

VERDELET.

A la pairie, comme monsieur Michaud ! (A part.) Vieux fou !

LE DUC.

Irrité du refus de Gaston, il cherche à se venger à coups d'épingle, et je crains bien que ce ne soit vous qui payiez les frais de la guerre.

ANTOINETTE.

Comment cela ?

VERDELET.

C'est bien simple... si ton père rend la maison odieuse à ton mari, il cherchera des distractions dehors.

ANTOINETTE.

Des distractions dehors?

LE DUC.

Monsieur Verdelet a mis le doigt sur le danger, et vous seule pouvez le prévenir. Si votre père vous aime, mettez-vous entre lui et Gaston. Obtenez la cessation immédiate des hostilités : rien n'est encore perdu... tout peut se réparer.

ANTOINETTE.

Rien n'est encore perdu! tout peut se réparer! Vous me faites trembler! Contre qui donc ai-je à me défendre?

LE DUC.

Contre votre père.

ANTOINETTE.

Non, vous ne me dites pas tout... Les torts de mon père ne m'enlèveraient pas mon mari en un jour... Il fait la cour à une femme, n'est-ce pas?

LE DUC.

Non, madame, mais...

ANTOINETTE.

Pas de ménagements, monsieur le duc... j'ai une rivale.

LE DUC.

Calmez-vous, madame.

ANTOINETTE.

Je le devine, je le sens, je le vois... Il est auprès d'elle.

LE DUC.

Non, madame, il vous aime.

ANTOINETTE.

Il ne me connaît que depuis une heure! Ce n'est pas à moi qu'il a senti le besoin de raconter sa colère... Il a été se plaindre ailleurs.

VERDELET.

Ne te bouleverse pas comme ça, Toinon; il a été prendre l'air, voilà tout. C'était mon remède quand Poirier m'exaspérait.

(Entre un domestique avec une lettre sur un plat d'argent.)

LE DOMESTIQUE.

Une lettre pour monsieur le marquis.

ANTOINETTE.

Il est sorti ; mettez-la là. (Elle regarde la lettre. — A part.) Une écriture de femme ! (Haut.) De quelle part?

LE DOMESTIQUE.

C'est le valet de pied de madame de Montjay qui l'a apportée.

(Il sort.)

ANTOINETTE, à part.

De madame de Montjay!

LE DUC.

Je verrai Gaston avant vous, madame ; si vous voulez, je lui remettrai cette lettre?

ANTOINETTE.

Craignez-vous que je ne l'ouvre?

LE DUC.

Oh ! madame !

ANTOINETTE.

Elle se sera croisée avec Gaston.

VERDELET.

Qu'est-ce que tu vas supposer là? La maîtresse de ton mari n'aurait pas l'imprudence de lui écrire chez toi.

ANTOINETTE.

Pour ne point oser lui écrire chez moi, il faudrait qu'elle me méprisât bien ! D'ailleurs, je ne dis pas que ce soit sa maîtresse. Je dis qu'il lui fait la cour. Je le dis parce que j'en suis sûre.

LE DUC.

Je vous jure, madame...

ANTOINETTE.

L'oseriez-vous jurer sérieusement, monsieur le duc?

LE DUC.

Mon serment ne vous prouverait rien, car un galant homme a le droit de mentir en pareil cas. Quoi qu'il en soit, madame, je vous ai prévenue du danger ; je vous ai indiqué le moyen d'y échapper, j'ai rempli mon devoir d'ami et d'honnête homme ; ne m'en demandez pas plus. (Il sort.)

SCÈNE VI.

ANTOINETTE, VERDELET.

ANTOINETTE.

Ah ! je viens de perdre tout ce que j'avais gagné dans le cœur de Gaston... Il m'appelait marquise, il y a une heure. . mon père lui a rappelé brutalement que je suis mademoiselle Poirier.

VERDELET.

Eh bien ! est-ce qu'on ne peut pas aimer mademoiselle Poirier?

ANTOINETTE.

Mon dévouement aurait fini par le toucher peut-être, ma tendresse par attirer la sienne ; il était déjà sur la pente insensible qui le conduisait à moi ! mon père lui fait rebrousser chemin ! Sa maîtresse ! Il est impossible qu'elle le soit déjà, n'est-ce pas Tony? Est-ce que tu crois qu'elle l'est?

VERDELET.

Moi? pas du tout!

ANTOINETTE.

Qu'il lui fasse la cour depuis quelques jours, je le comprends; mais pour être son amant, il faudrait qu'il eût commencé le lendemain de notre mariage, et ce serait infâme!

VERDELET.

Oui, mon enfant.

ANTOINETTE.

Il ne m'a pas épousée avec la certitude qu'il ne m'aimerait jamais... il n'a pas dû me condamner si vite.

VERDELET.

Non, sans doute.

ANTOINETTE.

Tu n'en as pas l'air bien sûr... es-tu fou, Tony, d'accueillir un soupçon si odieux! Je te jure que mon mari est incapable d'une infamie. Réponds donc que c'est évident! Le prends-tu pour un misérable?

VERDELET.

Non pas!

ANTOINETTE.

Alors tu peux jurer qu'il est innocent... jure-le, mon bon Tony, jure-le!

VERDELET.

Je le jure! je le jure!

ANTOINETTE.

Pourquoi lui écrit-elle?

VERDELET.

Pour l'inviter à quelque soirée, tout simplement.

ANTOINETTE.

Une soirée bien pressée, puisqu'elle envoie l'invitation par un domestique. — Oh! quand je pense que le secret de ma destinée est enfermée sous ce pli... allons-nous-en... cette lettre m'attire... je suis tentée. (Elle la remet sur la table et reste immobile à la regarder.)

VERDELET.

Viens, tu as raison. (Elle ne bouge pas.)

SCÈNE VII.

LES MÊMES, POIRIER.

POIRIER.

Dis donc, fifille... Antoinette... (A Verdelet.) Qu'est-ce qu'elle regarde là, une lettre? (Il la prend.)

ANTOINETTE.

Laissez, mon père, c'est une lettre pour M. de Presles.

POIRIER, regardant l'adresse.

Jolie écriture! (Il la sent.) Ça ne sent pas le tabac. C'est une lettre de femme.

ANTOINETTE.

Oui, de madame de Montjay, je sais ce que c'est.

POIRIER.

Comme tu as l'air agité... Est-ce que tu as la fièvre? (Il lui prend la main.) Tu as la fièvre!

ANTOINETTE.

Non, mon père.

POIRIER.

Si fait ! Il y a quelque chose. Voyons, parle.

ANTOINETTE.

Il n'y a rien, je vous assure...

VERDELET, *bas à Poirier.*

Laisse-la donc tranquille... elle est jalouse.

POIRIER.

Tu es jalouse? Est-ce que le marquis te ferait des traits, par hasard? Nom de nom ! si je le savais !

ANTOINETTE.

Si vous m'aimez, mon père...

POIRIER.

Si je t'aime !

ANTOINETTE.

Ne tourmentez plus Gaston.

POIRIER.

Est-ce que je le tourmente? je fais des économies, voilà tout.

VERDELET.

Tu fais des taquineries, et elles retombent sur ta fille.

POIRIER.

Mêle-toi de ce qui te regarde. (*A Antoinette.*) Voyons, qu'est-ce qu'il t'a fait, ce monsieur? je veux le savoir.

ANTOINETTE, *effrayée.*

Rien... rien... n'allez pas le quereller, au nom du ciel !

POIRIER.

Pourquoi es-tu jalouse? Pourquoi mangeais-tu des yeux cette lettre? (*Il la prend.*) Est-ce que tu crois que madame de Montjay?..

ANTOINETTE.

Non, non...

POIRIER.

Elle le croit, n'est-ce pas, Verdelet?

VERDELET.

Elle suppose...

POIRIER.

Il est facile de s'en assurer. (Il rompt le cachet.)

ANTOINETTE.

Mon père!... le secret d'une lettre est sacré!

POIRIER.

Il n'y a de sacré pour moi que ton bonheur.

VERDELET.

Prends garde, Poirier!... Que dira ton gendre?

POIRIER.

Je me soucie bien de mon gendre! (Il ouvre la lettre.)

ANTOINETTE.

Ne lisez pas, au nom du ciel!

POIRIER.

Je lirai... Si ce n'est pas mon droit, c'est mon devoir. (Lisant.) « Cher Gaston... » Ah! le scélérat! (Il laisse tomber la lettre.)

ANTOINETTE.

C'est sa maîtresse!... Oh! mon Dieu!.. (Elle tombe dans un fauteuil.)

POIRIER, prenant Verdelet au collet.

C'est toi qui m'as laissé faire ce mariage-là.

VERDELET.

C'est trop fort!

POIRIER.

Quand je t'ai consulté, pourquoi ne t'es-tu pas mis en travers? Pourquoi ne m'as-tu pas dit ce qui devait arriver?

VERDELET.

Je te l'ai dit vingt fois!... mais monsieur était ambitieux!

POIRIER.

Ça m'a bien réussi!

VERDELET.

Elle perd connaissance.

POIRIER.

Ah! mon Dieu!

VERDELET, à genoux devant Antoinette.

Toinon, mon enfant, reviens à toi...

POIRIER.

Ote-toi de là... Est-ce que tu sais ce qu'il faut lui dire ! (A genoux devant Antoinette.) Toinon, mon enfant, reviens à toi.

ANTOINETTE.

Ce n'est rien, mon père.

POIRIER.

Sois tranquille... je te débarrasserai de ce monstre.

ANTOINETTE.

Qu'ai-je donc fait au bon Dieu pour être éprouvée de la sorte ! Après trois mois de mariage ! Non ! le lendemain ! le lendemain ! Il ne m'a pas été fidèle un jour ! Il a couru chez cette femme en sortant de mes bras... Il n'avait donc pas senti battre mon cœur ? il n'avait donc pas compris que je me donnais à lui tout entière. Le malheureux ! j'en mourrai !

POIRIER.

Tu en mourras ?... je te le défends ! Qu'est-ce que je deviendrais, moi ! Ah ! le brigand !... Où vas-tu ?

ANTOINETTE.

Chez moi.

POIRIER.

Veux-tu que je t'accompagne ?

ANTOINETTE.

Merci, mon père.

VERDELET, à Poirier.

Laissons-la pleurer seule... les larmes la soulageront.

SCÈNE VIII.

POIRIER, VERDELET.

POIRIER.

Quel mariage ! quel mariage ! (Il se promène en se donnant des coups de poing.)

VERDELET.

Calme-toi, Poirier... tout peut se réparer. Notre devoir, maintenant, c'est de rapprocher ces deux cœurs.

POIRIER.

Mon devoir, je le connais, et je le ferai (Il ramasse la lettre.

VERDELET.

Je t'en supplie, pas de coup de tête!

SCÈNE IX.

Les Mêmes, GASTON.

POIRIER.

Vous cherchez quelque chose, monsieur?

GASTON.

Oui, une lettre.

POIRIER.

De madame de Montjay. Ne cherchez pas, elle est dans ma poche.

GASTON.

L'auriez-vous ouverte, par hasard?

POIRIER.

Oui, monsieur, je l'ai ouverte.

GASTON.

Vous l'avez ouverte? Savez-vous bien, monsieur, que c'est une indignité? que c'est l'action d'un malhonnête homme.

VERDELET.

Monsieur le marquis!... Poirier!

POIRIER.

Il n'y a qu'un malhonnête homme ici, c'est vous!

GASTON.

Pas de reproches! En me volant le secret de mes fautes, vous avez perdu le droit de les juger! Il y a quelque chose de plus inviolable que la serrure d'un coffre-fort, monsieur, c'est le cachet d'une lettre, car il ne se défend pas.

VERDELET, à Poirier.

Qu'est-ce que je te disais?

POIRIER.

C'est trop fort. Un père n'aurait pas le droit!... Mais je suis bien bon de répondre ! Vous vous expliquerez devant les tribunaux, monsieur le marquis.

VERDELET.

Les tribunaux !

POIRIER.

Ah ! vous croyez qu'on peut impunément apporter dans nos familles l'adultère et le désespoir ? Un bon procès, monsieur ! un procès en séparation de corps !

GASTON.

Un procès ? où cette lettre sera lue ?

POIRIER.

En public, oui, monsieur, en public.

VERDELET.

Es-tu fou, Poirier ? un pareil scandale !

GASTON.

Mais, vous ne songez pas que vous perdez une femme !

POIRIER.

Vous allez me parler de son honneur peut-être ?

GASTON.

Oui, de son honneur, et si ce n'est pas assez pour vous, sachez qu'il y va de sa ruine...

POIRIER.

Tant mieux, morbleu, j'en suis ravi ! Elle ne sera jamais trop punie, celle-là !

GASTON.

Monsieur...

POIRIER.

En voilà une, par exemple, qui n'intéressera personne ! Prendre le mari d'une pauvre jeune femme après trois mois de mariage !

GASTON.

Elle est moins coupable que moi, n'accusez que moi...

POIRIER.

Si vous croyez que je ne vous méprise pas comme le dernier des derniers !... N'êtes-vous pas honteux ? sacrifier une femme charmante... Que lui reprochez-vous ? Trouves-lui un défaut, un seul, pour vous excuser ! Un cœur d'or ! des yeux superbes ! Et une éducation ! Tu sais ce qu'elle m'a coûté, Verdelet ?

VERDELET.

Modère-toi, de grâce...

POIRIER.

Crois-tu que je ne me modère pas ? Si je m'écoutais !... mais non... il y a des tribunaux... je vais chez mon avoué.

GASTON.

Attendez jusqu'à demain, monsieur, je vous en supplie... donnez-vous le temps de la réflexion.

POIRIER.

C'est tout réfléchi.

GASTON, à Verdelet.

Aidez-moi à prévenir un malheur irréparable, monsieur.

VERDELET.

Ah ! vous ne le connaissez pas !

GASTON, à Poirier.

Prenez garde, monsieur. Je dois sauver cette femme, je dois la sauver à tout prix... Comprenez donc que je suis responsable de tout !

POIRIER.

Je l'entends bien ainsi.

GASTON.

Vous ne savez pas jusqu'où le désespoir pourrait m'emporter !

POIRIER.

Des menaces ?

GASTON.

Oui ! des menaces ; rendez-moi cette lettre, vous ne sortirez pas !

POIRIER.

De la violence ! faut-il que je sonne mes gens ?

GASTON.

C'est vrai ! ma tête se perd. Écoutez-moi, du moins. Vous n'êtes pas méchant, c'est la colère, c'est la douleur qui vous égare.

POIRIER.

Colère légitime, douleur respectable!

GASTON.

Oui, monsieur, je reconnais mes fautes, je les déplore... mais si je vous jurais de ne plus revoir madame de Montjay, si je vous jurais de consacrer ma vie au bonheur de votre fille?

POIRIER.

Ce serait la seconde fois que vous le jureriez... Finissons!

GASTON.

Arrêtez! vous aviez raison ce matin, c'est le désœuvrement qui m'a perdu.

POIRIER.

Ah! vous le reconnaissez, maintenant!

GASTON.

Eh bien, si je prenais un emploi?...

POIRIER.

Un emploi? vous?

GASTON.

Vous avez le droit de douter de ma parole, je le sais; mais gardez cette lettre, et si je manque à mes engagements, vous serez toujours à temps...

VERDELET.

Voyons, Poirier, c'est une garantie, cela.

POIRIER.

Une garantie de quoi?

VERDELET.

De sa fidélité à ses promesses : il ne verra plus cette dame; il prendra un emploi; il se consacrera au bonheur de ta fille.. Que peux-tu lui demander de plus?

POIRIER.

J'entends bien... mais qui me répondrait?...

VERDELET.

La lettre! parbleu, la lettre!

POIRIER.

C'est vrai, oui, c'est vrai.

VERDELET.

Eh bien! tu acceptes? Tout vaut mieux qu'une séparation.

POIRIER.

Ce n'est pas tout à fait mon avis.... Cependant puisque tu l'exiges... (Au marquis.) Je souscris pour ma part, monsieur, au traité que vous m'offrez... Il ne reste plus qu'à le soumettre à ma fille.

VERDELET.

Oh! ce n'est pas ta fille qui demandera du scandale.

POIRIER.

Allons la trouver. (A Gaston.) Croyez bien, monsieur, qu'en tout ceci je ne consulte que le bonheur de mon enfant. Pour que vous n'ayez pas le droit d'en douter, je vous déclare d'avance que je n'attends plus rien de vous, que je n'accepterai rien, et resterai Gros-Jean comme devant.

VERDELET.

C'est bien, Poirier.

POIRIER, à Verdelet.

A moins pourtant qu'il ne rende ma fille si heureuse... si heureuse!... Ils sortent.

SCENE X.

GASTON, seul.

Tu l'as voulu, marquis de Presles! Est-ce assez d'humiliations! Ah! madame de Monjay!... En ce moment mon sort se décide. Que vont-ils me rapporter? Ma condamnation ou celle de cette infortunée? la honte ou le remords? Et tout cela pour une fantaisie d'un jour! Tu l'as voulu, marquis de Perles... n'accuse que toi. (Il reste absorbé.)

SCÈNE XI.

GASTON, LE DUC.

LE DUC, entrant, et frappant sur l'épaule de Gaston.

Qu'as-tu donc?

GASTON.

Tu sais ce que mon beau-père me demandait ce matin ?

LE DUC.

Eh bien ?

GASTON.

Si on te disait que j'y consens ?

LE DUC.

Je répondrais que c'est impossible.

GASTON.

C'est pourtant la vérité.

LE DUC.

Es-tu fou ? Tu le disais toi-même, s'il est un homme qui n'ait pas le droit...

GASTON.

Il le faut... Mon beau-père a ouvert une lettre de madame de Montjay ; dans sa colère, il voulait la porter chez son avoué, et, pour l'arrêter, j'ai dû me mettre à sa discrétion.

LE DUC.

Pauvre ami ! dans quel abîme as-tu roulé !

GASTON.

Ah ! si Pontgrimaud me tuait demain, quel service il me rendrait !

LE DUC.

Voyons, voyons, pas de ces idées-là !

GASTON.

Cela arrangerait tout.

LE DUC.

Tu n'as que vingt-cinq ans, ta vie peut être belle encore.

GASTON.

Ma vie ?... Regarde où j'en suis : ruiné, esclave d'un beau-père dont le despotisme s'autorisera de mes fautes, mari d'une femme que j'ai blessée au cœur et qui ne l'oubliera jamais !... Tu dis que ma vie peut être belle encore !... Mais je suis dégoûté de tout et de moi-même !... Mes étourderies, mes sottises, mes égarements m'ont amené à ce point que tout me manque à la fois : la liberté, le bonheur domestique, l'estime du monde et la mienne propre !... Quelle pitié !...

LE DUC.

Du courage, mon ami ; ne te laisse pas abattre !

GASTON, se levant.

Oui, je suis un lâche ! Un gentilhomme a le droit de tout perdre, fors l'honneur.

LE DUC.

Que veux-tu faire ?

GASTON.

Ce que tu ferais à ma place.

LE DUC.

Non, je ne me tuerais pas !

GASTON.

Tu vois bien que si, puisque tu m'as compris... Tais-toi !... je n'ai plus que mon nom, et je veux le garder intact... On vient.

SCENE XII.

LES MÊMES, POIRIER, ANTOINETTE ET VERDELET.

ANTOINETTE.

Non, mon père, non, c'est impossible !... Tout est fini entre monsieur de Presles et moi !

VERDELET.

Je ne te reconnais plus là, mon enfant.

POIRIER.

Mais puisque je te dis qu'il prendra une occupation ! qu'il ne reverra jamais cette femme ! qu'il te rendra heureuse !

ANTOINETTE.

Il n'y a plus de bonheur pour moi ! Si monsieur de Presles ne m'a pas aimée librement, croyez-vous qu'il m'aimera par contrainte ?

POIRIER, au marquis.

Parlez donc, Monsieur !

ANTOINETTE.

Monsieur de Presles se tait ; il sait que je ne croirais pas à ses protestations. Il sait aussi que tout lien est rompu entre nous, et qu'il ne peut plus être qu'un étranger pour moi... Reprenons donc tous les deux ce que la loi peut nous rendre de liberté.... Je veux une séparation, mon père. Donnez-moi cette lettre : c'est à moi, à moi seule, qu'il appartient d'en faire usage ! Donnez-la-moi !

POIRIER.

Je t'en supplie, mon enfant, pense au scandale qui va nous éclabousser tous.

ANTOINETTE.

Il ne salira que les coupables !

VERDELET.

Pense à cette femme que tu vas perdre à jamais...

ANTOINETTE.

A-t-elle eu pitié de moi?... Mon père, donnez-moi cette lettre. Ce n'est pas votre fille qui vous la demande, c'est la marquise de Presle outragée.

POIRIER.

La voilà... Mais puisqu'il prendrait une occupation...

ANTOINETTE.

Donnez. (Au marquis.) Je tiens ma vengeance, monsieur, elle ne saurait m'échapper. Vous aviez engagé votre honneur pour sauver votre maîtresse, je le dégage et vous le rends. (Elle déchire la lettre et la jette au feu.)

POIRIER.

Eh bien ! qu'est-ce qu'elle fait ?

ANTOINETTE.

Mon devoir !

VERDELET.

Brave enfant ! (Il l'embrasse.)

LE DUC.

Noble cœur !

GASTON.

Oh ! madame, comment vous exprimer?... Orgueilleux que

j'étais ! je croyais m'être mésallié... vous portez mon nom mieux que moi ! Ce ne sera pas trop de toute ma vie pour réparer le mal que j'ai fait.

ANTOINETTE.

Je suis veuve, monsieur... (Elle prend le bras de Verdelet pour sortir la toile tombe.)

FIN DU TROISIÈME ACTE.

ACTE QUATRIÈME.

Même décor.

SCÈNE PREMIÈRE.

VERDELET, ANTOINETTE, POIRIER.

Antoinette est assise entre Verdelet et Poirier.

VERDELET.

Je te dis que tu l'aimes encore.

POIRIER.

Et moi, je te dis que tu le hais.

VERDELET.

Mais non, Poirier...

POIRIER.

Mais si !... Ce qui s'est passé hier ne te suffit pas, tu voudrais que ce vaurien m'enlevât ma fille à présent ?

VERDELET.

Je voudrais que l'existence d'Antoinette ne fût pas à jamais perdue, et à la façon dont tu t'y prends...

POIRIER.

Je m'y prends comme il me plaît, Verdelet... Ça t'est facile de faire le bon apôtre, tu n'es pas à couteau tiré avec le marquis, toi ! une fois qu'il aurait emmené sa femme, tu serais toujours fourré chez elle, et pendant ce temps, je vivrais dans mon trou, seul, comme un chat-huant... voilà ton rêve ! Oh ! je te connais, va ! Égoïste comme tous les vieux garçons !...

VERDELET.

Prends garde, Poirier ! Es-tu sûr qu'en poussant les choses à l'extrême, tu n'obéisses pas toi-même à un sentiment d'égoïsme ?...

POIRIER.

Nous y voilà ! C'est moi qui suis l'égoïste ici ! parce que je défends le bonheur de ma fille ! parce que je ne veux pas que mon gueux de gendre m'arrache mon enfant pour la torturer! (A sa fille.) Mais dis donc quelque chose!... ça te regarde plus que moi.

ANTOINETTE.

Je ne l'aime plus, Tony. Il a tué dans mon cœur tout ce qui fait l'amour.

POIRIER.

Ah!

ANTOINETTE.

Je ne le hais pas, mon père; il m'est indifférent, je ne le connais plus.

POIRIER.

Ça me suffit.

VERDELET.

Mais, ma pauvre Toinon, tu commences la vie à peine. As-tu jamais réfléchi sur la destinée d'une femme séparée de son mari? T'es-tu jamais demandé?...

POIRIER.

Ah! Verdelet, fais-nous grâce de tes sermons! Elle sera, pardieu, bien à plaindre avec son bonhomme de père qui n'aura plus d'autre ambition que de l'aimer et de la dorloter! Tu verras, fifille, quelle bonne petite existence nous mènerons à nous deux... (Montrant Verdelet.) A nous trois! car je vaux mieux que toi, gros égoïste!... Tu verras comme nous t'aimerons, comme nous te câlinerons! Ce n'est pas nous qui te planterons là pour courir après des comtesses!... Allons, faites tout de suite une risette à ce père... dites que vous serez heureuse avec lui.

ANTOINETTE.

Oui, mon père, bien heureuse.

POIRIER.

Tu l'entends, Verdelet?

VERDELET.

Oui, oui.

POIRIER.

Quant à ton garnement de mari... tu as été trop bonne pour lui, ma fille... nous le tenions!.. Enfin!... Je lui servirai une pension de mille écus, et il ira se faire pendre ailleurs.

ANTOINETTE.

Ah ! qu'il prenne tout, qu'il emporte tout ce que je possède.

POIRIER.

Non pas !

ANTOINETTE.

Je ne demande qu'une chose, c'est de ne jamais le revoir.

POIRIER.

Il entendra parler de moi sous peu... Je viens de lui décocher un dernier trait.

ANTOINETTE.

Qu'avez-vous fait ?

POIRIER.

Hier, en te quittant, je suis allé avec Verdelet chez mon notaire.

ANTOINETTE.

Eh bien ?

POIRIER.

J'ai mis en vente le château de Presles, le château de messieurs ses pères.

ANTOINETTE.

Vous avez fait cela ? Et toi, Tony, tu l'as laissé faire ?

VERDELET, bas à Antoinette.

Sois tranquille.

POIRIER.

Oui, oui. La bande noire a bon nez, et j'espère qu'avant un mois, ce vestige de la féodalité ne souillera plus le sol d'un peuple libre. Sur son emplacement, on plantera des betteraves. Avec ses matériaux, on bâtira des chaumières pour l'homme utile, pour le laboureur, pour le vigneron. Le parc de ses pères, on le rasera, on le sciera en petits morceaux, on le brûlera dans la cheminée des bons bourgeois qui ont gagné de quoi acheter du bois. J'en ferai venir quelques stères pour ma consommation personnelle.

ANTOINETTE.

Mais il croira que c'est une vengeance...

POIRIER.

Il aura raison.

ANTOINETTE.

Il croira que c'est moi....

VERDELET, bas à Antoinette.

Sois donc tranquille, mon enfant.

POIRIER.

Je vais voir si les affiches sont prêtes, des affiches énormes dont nous couvrirons les murs de Paris. — A vendre, le château de Presles !

VERDELET.

Il est peut-être déjà vendu.

POIRIER.

Depuis hier au soir ? Allons donc ! je vais chez l'imprimeur.

SCÈNE II.

VERDELET, ANTOINETTE.

VERDELET.

Ton père est absurde ! si on le laissait faire, il rendrait tout rapprochement impossible entre ton mari et toi.

ANTOINETTE.

Qu'espères-tu donc, mon pauvre Tony ? Mon amour est tombé de trop haut pour pouvoir se relever jamais. Tu ne sais pas ce que monsieur de Presles était pour moi...

VERDELET.

Mais si, mais si, je le sais.

ANTOINETTE.

Ce n'était pas seulement un mari, c'était un maître dont j'aurais été fière d'être la servante. Je ne l'aimais pas seulement, je l'admirais comme le représentant d'un autre âge. Ah ! Tony, quel réveil !

UN DOMESTIQUE, entrant.

Monsieur le marquis demande si madame peut le recevoir ?

ANTOINETTE.

Non.

VERDELET.

Reçois-le, mon enfant. (*Au domestique.*) Monsieur le marquis peut entrer. (*Le domestique sort.*)

ANTOINETTE.

A quoi bon ? (*Le marquis entre.*)

GASTON.

Rassurez-vous, madame, vous n'aurez pas longtemps l'ennui de ma présence. Vous l'avez dit hier, vous êtes veuve, et je suis trop coupable pour ne pas sentir que votre arrêt est irrévocable. Je viens vous dire adieu.

VERDELET.

Comment, monsieur ?

GASTON.

Oui, monsieur, je prends le seul parti honorable qui me reste, et vous êtes homme à le comprendre.

VERDELET.

Mais, monsieur...

GASTON.

Je vous entends... Ne craignez rien de l'avenir, et rassurez Monsieur Poirier. J'ai un état, celui de mon père : soldat. Je pars demain pour l'Afrique avec monsieur de Montmeyran, qui me sacrifie son congé.

VERDELET, *bas à Antoinette.*

C'est un homme de cœur.

ANTOINETTE, *de même.*

Je n'ai jamais dit qu'il fût lâche.

VERDELET.

Voyons, mes enfants... ne prenez pas de résolutions extrêmes... Vos torts sont bien grands, monsieur le marquis, mais vous ne demandez qu'à les réparer, j'en suis sûr.

GASTON.

Ah ! s'il était une expiation ! (*Un silence.*) Il n'en est pas, monsieur. (*A Antoinette.*) Je vous laisse mon nom, madame, vous le garderez sans tache. J'emporte le remords d'avoir troublé votre vie, mais vous êtes jeune, vous êtes belle, et la guerre a d'heureux hasards.

SCÈNE III.

LES MÊMES, LE DUC.

LE DUC.

Je viens te chercher.

GASTON.

Allons! (Tendant la main à Verdelet.) Adieu, monsieur Verdelet. (Ils s'embrassent.) Adieu, madame, adieu pour toujours.

LE DUC.

Pour toujours! Il vous aime, madame.

GASTON.

Tais-toi!

VERDELET.

Il vous aime éperdument... En sortant de l'abîme dont vous l'avez tiré, ses yeux se sont ouverts, il vous a vue telle que vous êtes.

ANTOINETTE.

Mademoiselle Poirier l'emporte sur madame de Montjay!.. quel triomphe!...

VERDELET.

Ah! tu es cruelle!

GASTON.

C'est justice, monsieur. Elle était digne de l'amour le plus pur, et je l'ai épousée pour son argent. J'ai fait un marché! un marché que je n'ai pas même eu la probité de tenir. (A Antoinette.) Oui, le lendemain de notre mariage, je vous sacrifiais, par forfanterie de vice, à une femme qui ne vous vaut pas. C'était trop peu de votre jeunesse, de votre grâce, de votre pureté : pour éclairer ce cœur aveugle, il vous a fallu en un jour me sauver deux fois l'honneur. Quelle âme assez basse pour résister à tant de dévouement, et que prouve mon amour, qui puisse me relever à vos yeux! En vous aimant, je fais ce que tout homme ferait à ma place; en vous méconnaissant, j'ai fait ce que n'eût fait personne. Vous avez raison, madame, méprisez un cœur indigne de vous; j'ai tout perdu, jusqu'au droit de me plaindre, et je ne me plains pas... Viens, Hector.

LE DUC.

Attends... Savez-vous où il va, madame? Sur le terrain.

VERDELET ET ANTOINETTE.

Sur le terrain?

GASTON.

Que fais-tu?

LE DUC.

Puisque ta femme ne t'aime plus, on peut bien lui dire... Oui, madame, il va se battre.

ANTOINETTE.

Ah! Tony, sa vie est en danger...

LE DUC.

Que vous importe, madame? Tout n'est-il pas rompu entre vous?

ANTOINETTE.

Oui, oui, je le sais, tout est rompu... Monsieur de Presles peut disposer de sa vie... il ne me doit plus rien...

LE DUC, à Gaston

Allons, viens... (Ils vont jusqu'à la porte.)

ANTOINETTE.

Gaston!

LE DUC.

Tu vois bien qu'elle t'aime encore!

GASTON, se jetant à ses pieds.

Ah! madame, s'il est vrai, si je ne suis pas sorti tout à fait de votre cœur, dites un mot... donnez-moi le désir de vivre.

(Entre Poirier.)

SCÈNE IV.

LES MÊMES, POIRIER.

POIRIER.

Qu'est-ce que vous faites donc là, monsieur le marquis?

ANTOINETTE.

Il va se battre!

POIRIER.

Un duel ! cela t'étonne ? Les maîtresses, les duels, tout cela se tient. Qui a terre a guerre.

ANTOINETTE.

Que voulez-vous dire, mon père ?... Supposeriez-vous ?...

POIRIER.

J'en mettrais ma main au feu.

ANTOINETTE.

Ce n'est pas vrai, n'est-ce pas, monsieur ? Vous ne répondez pas ?

POIRIER.

Crois-tu qu'il aura la franchise de l'avouer ?

GASTON.

Je ne sais pas mentir, madame. Ce duel est tout ce qui reste d'un passé odieux.

POIRIER.

Il a l'impudence d'en convenir ! Quel cynisme !

ANTOINETTE.

Et on me dit que vous m'aimez !... Et j'étais prête à vous pardonner au moment où vous alliez vous battre pour votre maîtresse !... On faisait de cette dernière offense un piége à ma faiblesse... Ah ! monsieur le duc !

LE DUC.

Il vous l'a dit, madame, ce duel est le reliquat d'un passé qu'il déteste et qu'il voudrait anéantir,

VERDELET, au marquis.

Eh bien, Monsieur, c'est bien simple ; si vous n'aimez plus madame de Montjay, ne vous battez pas pour elle.

GASTON.

Quoi ! monsieur, faire des excuses !

VERDELET.

Il s'agit de donner à Antoinette une preuve de votre sincérité ; c'est la seule que vous puissiez lui offrir. D'ailleurs, ne lui demandiez-vous pas tout à l'heure, comme une grâce, de vous imposer une expiation ? Le temps était la seule épreuve à laquelle on pût vous soumettre. Ne devez-vous pas être heureux d'un sacrifice qui vous acquitte en un instant? Celui qu'on vous demande est très-grand, je le sais; mais, s'il l'était moins, pourrait-il racheter vos torts?

POIRIER, à part.

Voilà cet imbécile qui va les raccommoder, maintenant!

GASTON.

Je ferais avec joie le sacrifice de ma vie pour réparer mes fautes, mais celui de mon honneur, la marquise de Presles ne l'accepterait pas.

ANTOINETTE.

Et si vous vous trompiez, monsieur? si je vous le demandais?

GASTON.

Quoi, madame, vous exigeriez!...

ANTOINETTE.

Que vous fassiez pour moi presque autant que pour madame de Montjay? Oui, Monsieur. Vous consentiez pour elle à renier le passé de votre famille, et vous ne renonceriez pas pour moi à un duel... à un duel qui m'offense? Comment croirai-je à votre amour, s'il est moins fort que votre vanité?

POIRIER.

D'ailleurs, vous serez bien avancé quand vous aurez attrapé un mauvais coup! Croyez-moi, prudence est mère de sûreté.

VERDELET, à part.

Vieux serpent!

GASTON.

Voilà ce qu'on dirait, madame.

ANTOINETTE.

Qui oserait douter de votre courage? N'avez-vous pas fait vos preuves?

POIRIER.

Et que vous importe l'opinion d'un tas de godelureaux? Vous aurez l'estime de mes amis, cela doit vous suffire.

GASTON.

Vous le voyez, madame, on rirait de moi, vous n'aimeriez pas longtemps un homme ridicule.

LE DUC.

Personne ne rira de toi. C'est moi qui porterai tes excuses sur le terrain, et je te promets qu'elles n'auront rien de plaisant.

GASTON.

Comment, tu es aussi d'avis?...

LE DUC.

Oui, mon ami; ton duel n'est pas de ceux qu'il ne faut pas arranger, et le sacrifice dont se contente ta femme ne touche qu'à ton amour-propre.

GASTON.

Des excuses, sur le terrain!...

POIRIER.

J'en ferais, moi...

VERDELET.

Décidément, Poirier, tu veux forcer ton gendre à se battre?

POIRIER.

Moi, je fais tout ce que je peux pour l'en empêcher.

LE DUC.

Allons, Gaston, tu n'as pas le droit de refuser cette marque d'amour à ta femme.

GASTON.

Eh bien!... Non!... c'est impossible.

ANTOINETTE.

Mon pardon est à ce prix.

GASTON.

Reprenez-le donc, madame, je ne porterai pas loin mon désespoir.

POIRIER.

Ta, ra, ta, ta. Ne l'écoute pas, fifille; quand il aura l'épée à la main, il se défendra malgré lui. C'est comme un maître nageur qui veut se noyer : une fois dans l'eau, le diable ne l'empêcherait pas de tirer sa coupe.

ANTOINETTE.

Si madame de Montjay vous défendait de vous battre, vous lui obéiriez. Adieu.

GASTON.

Antoinette... au nom du ciel!...

LE DUC.

Elle a mille fois raison.

GASTON.

Des excuses ! moi !

ANTOINETTE.

Ah ! vous n'avez que de l'orgueil !

LE DUC.

Voyons, Gaston, fais-toi violence. Je te jure que moi, à ta place, je n'hésiterais pas.

GASTON.

Eh bien... A un Pontgrimaud !... Va sans moi.

LE DUC, à Antoinette.

Eh bien ! madame, êtes-vous contente de lui?

ANTOINETTE.

Oui, Gaston, tout est réparé. Je n'ai plus rien à vous pardonner, je vous crois, je suis heureuse, je vous aime. (Le marquis reste immobile, la tête basse. — Antoinette va à son mari, lui prend la tête dans ses mains et l'embrasse au front.) Et, maintenant, va te battre, va !...

GASTON.

Oh ! chère femme, tu as le cœur de ma mère !

ANTOINETTE.

Celui de la mienne, monsieur...

POIRIER, à part.

Que les femmes sont bêtes, mon Dieu !

GASTON, au duc.

Allons ! vite ! nous arriverons les derniers.

ANTOINETTE.

Vous tirez bien l'épée, n'est-ce pas?

LE DUC.

Comme Saint-George, madame, et un poignet d'acier ! Monsieur Poirier, priez pour Pontgrimaud.

ANTOINETTE, à Gaston.

N'allez pas tuer ce pauvre jeune homme, au moins.

GASTON.

Il en sera quitte pour une égratignure, puisque tu m'aimes. Partons, Hector. (Entre un domestique avec une lettre sur un plat d'argent.

ANTOINETTE.

Encore une lettre?

GASTON.

Ouvrez-la vous-même.

ANTOINETTE.

C'est la première, monsieur.

GASTON.

Oh! j'en suis sûr.

ANTOINETTE *ouvre la lettre.*

C'est de monsieur de Pontgrimaud.

GASTON.

Bah!

ANTOINETTE, *lisant.*

« Mon cher marquis. »

GASTON.

Faquin!

ANTOINETTE.

« Nous avons fait tous les deux nos preuves. »

GASTON.

Dans un genre différent.

ANTOINETTE.

« Je n'hésite donc pas à vous dire que je regrette un moment de vivacité. »

GASTON.

Oui, de vivacité de ma part.

ANTOINETTE.

« Vous êtes le seul homme du monde à qui je consentisse à faire des excuses. »

GASTON.

Vous me flattez, monsieur.

ANTOINETTE.

« Et je ne doute pas que vous les acceptiez aussi galamment qu'elles vous sont faites.

GASTON.

Ni plus ni moins.

ANTOINETTE.

« Tout à vous de cœur.

« VICOMTE DE PONTGRIMAUD. »

LE DUC.

Il n'est pas vicomte, il n'a pas de cœur, il n'a pas de Pont ; mais il est Grimaud, sa lettre finit bien.

VERDELET, à Gaston.

Tout s'arrange pour le mieux, mon cher enfant : j'espère que vous voilà corrigé ?

GASTON.

A tout jamais, cher monsieur Verdelet. A partir d'aujourd'hui, j'entre dans la vie sérieuse et calme ; et, pour rompre irrévocablement avec les folies de mon passé, je vous demande une place dans vos bureaux.

VERDELET.

Dans mes bureaux ! vous ! un gentilhomme !

GASTON.

Ne dois-je pas nourrir ma femme?

LE DUC.

Tu feras comme les nobles bretons qui déposaient leur épée au parlement avant d'entrer dans le commerce, et qui venaient la reprendre après avoir rétabli leur maison.

VERDELET.

C'est bien, monsieur le marquis.

POIRIER, à part.

Exécutons-nous. (Haut.) C'est très-bien, mon gendre, voilà des sentiments véritablement libéraux. Vous étiez digne d'être un bourgeois. Nous pouvons nous entendre, faisons la paix et restez chez moi.

GASTON.

Faisons la paix, je le veux bien, monsieur. Quant à rester ici, c'est autre chose. Vous m'avez fait comprendre le bonheur du charbonnier qui est maître chez lui. Je ne vous en veux pas, mais je m'en souviendrai.

POIRIER.

Et vous emmenez ma fille ? vous me laissez seul dans mon coin ?

ANTOINETTE.

J'irai vous voir, mon père.

GASTON.

Et vous serez toujours le bienvenu chez moi.

POIRIER.

Ma fille va être la femme d'un commis-marchand!

VERDELET.

Non, Poirier; ta fille sera châtelaine de Presles. Le château est vendu depuis ce matin, et, avec la permission de ton mari, Toinon, ce sera mon cadeau de noces.

ANTOINETTE.

Bon Tony!... Vous me permettez d'accepter, Gaston?

GASTON.

Monsieur Verdelet est de ceux envers qui la reconnaissance est douce.

VERDELET.

Je quitte le commerce, je me retire chez vous, monsieur le marquis, si vous le trouvez bon, et nous cultiverons vos terres ensemble : c'est un métier de gentilhomme.

POIRIER.

Eh bien, et moi? on ne m'invite pas?... Tous les enfants sont des ingrats, mon pauvre père avait raison.

VERDELET.

Achète une propriété, et viens vivre auprès de nous.

POIRIER.

Tiens, c'est une idée.

VERDELET.

Pardieu! tu n'as que cela à faire, car tu es guéri de ton ambition... je pense.

POIRIER.

Oui, oui. (A part.) Nous sommes en quarante-six. Je serai député de l'arrondissement de Presles en quarante-sept... et pair de France en quarante-huit.

Lagny. — Typographie de Vialat.

www.ingramcontent.com/pod-product-compliance
Lightning Source LLC
LaVergne TN
LVHW020414230826
846091LV00004B/1285
9782329361147